스토리로 배우는 세계시민교육

교사를 위한 세계시민교육 안내서

스토리로 배우는
세계시민교육

푸른길

『스토리로 배우는 세계시민교육』은 스토리텔링 교수법을 활용하여 세계시민교육을 실천할 수 있게 도와준다. 스토리텔링 교수법은 자칫 추상적이고 막연하게 느껴질 수 있는 세계시민교육을 좀 더 쉽고 구체적으로 실천할 수 있게 해 준다.

유네스코 아시아태평양 국제이해교육원은 2020년 한국국제이해교육학회와 협력하여 세계시민교육 스토리텔링 프로젝트를 시작한 뒤, 2021년부터 일본국제이해교육학회와 중국 북경사범대학교로 협력 파트너를 확대해 추진해 왔다. 이 프로젝트는 스토리텔링 교수법을 활용한 국제이해교육과 세계시민교육 콘텐츠를 개발하는 데 목적을 두었다.

이 책은 2020년부터 2024년까지 이 프로젝트에 참여한 한국 초등교사들이 개발한 수업지도안을 재구성하여 담고 있다. 이 자리를 빌려 국제이해교육, 세계시민교육과 관련된 이야기를 발굴하고 수업지도안을 개발해 주신 선생님들께 감사의 뜻을 전한다.

이 과제의 연구책임자로 이 책 편집에도 참여해 주신 전주교대 이경한 교수님과 연구진으로 참여해 주신 광주교대 김다원 교수님과 중앙대학교 김선미 교수님께도 감사하다는 말씀을 드린다. 아울러 아태교육원 연구개발실 지선미 실장과 이지현 전문관의 노고도 언급하고 싶다.

학교와 지역사회에서 스토리텔링 교수법을 활용해 세계시민교육을 실천하고자 하는 모든 분께 이 책이 도움이 되기를 바란다.

유네스코 아시아태평양 국제이해교육원

원장 임현묵

우리는 글로벌 시대에 살고 있다. 세계는 다양한 자연환경을 배경으로 다양한 삶을 영위하고 있다. 그리고 세계는 저마다의 생활양식을 가진 문화를 만들어 내고 그 문화의 영향을 받으며 살아가고 있다. 사람들이 살아가는 곳에는 삶의 스토리가 빠질 수가 없다. 전 세계에는 자연환경과 인문 환경을 배경으로 펼쳐지는 수많은 스토리로 가득 차 있다. 그 스토리의 일부는 문자를 통하여 책이라는 그릇에 담겨져 세상의 많은 사람들에게 전해지고 있다. 스토리를 담은 대표적인 것이 문학작품이다. 문학작품 중에서 초등학생들에게 큰 영향을 미치는 것은 동화이다. 세계의 스토리를 담은 많은 동화는 사실과 허구를 바탕으로 학생들의 상상력을 자극하기에 충분하다.

문학작품은 학생들에게 스토리텔링을 위한 다양한 콘텐츠를 담고 있다. 세계의 다양한 스토리 콘텐츠를 활용한 스토리텔링은 학생들에게 세계시민으로서 역량을 강화하는 매우 유용한 방법이다. 스토리텔링 방식은 학생들이 직간접적으로 세계를 경험할 수 있는 풍부한 기회를 제공해 주며, 과거와 현재의 가치와 지혜를 전달한다는 면에서 세계시민교육의 방법으로 적절성을 지닌다. 그래서 본 도서에서는 세계시민성 함양을 위한 교육용 문학작품 콘텐츠를 발굴하고, 스토리텔링 방식을 활용하여 세계시민교육을 실행할 수 있는 수업모듈을 개발하여 제시하고 있다.

본 도서에서는 세계시민교육의 중심 영역인 문화다양성교육, 지속가능발전교육을 중심으로 초등학교 1~2학년, 3~4학년, 5~6학년 수업에 적용할 수 있는 수업안을 제공하고 있다. 본 도서의 수업안은 2020년부터 2024년까지 5년간에 걸쳐서 '한·중·일 국제이해교육/세계시민교육 스토리텔링 프로젝트'에 참여한 현직 초등교사 및 예비 초등교사들이 개발하였다. 현직 초등

교사인 조수진 선생님, 장진아 선생님과 공주교육대학교 백지은, 우대희, 윤아란, 홍민석, 광주교육대학교 진수림, 임하영, 전주교육대학교 김영서, 이동규 예비교사들이 참여하였다.

본 도서는 제I장의 스토리텔링을 활용 교육의 의미와 세계시민교육의 특성, 제II장의 스토리텔링을 활용한 세계시민교육 수업안으로 구성되어 있다.

본 도서에서 다루고 있는 문화다양성과 지속가능발전의 주제들은 학교의 사회, 과학, 국어 등의 교과 수업과 창의적 체험활동 등의 비교과 수업 등에서 활용할 수 있다. 궁극적으로 본서가 세계시민교육이 지향하는 '더 정의롭고, 평화로우며, 관용적이며, 포용적이며, 안전하고, 지속가능한 세상을 만드는 데' 기여할 수 있기를 바란다.

2024. 11.

저자를 대표하여 이경한

I

스토리텔링을 활용한
세계시민교육

1. 스토리텔링에 대한 이해

스토리텔링(storytelling)은 이야기(story)를 전달(telling)하고 공유하는 과정이다. 독자 또는 청자에게 전달하고자 하는 내용을 청각적, 촉각적, 시각적, 후각적, 미각적 감각 등을 활용하여 재미있고 생생하게, 그리고 설득력 있게 전달하는 것을 말한다. 스토리텔링은 목적을 갖고 독자 또는 청자와 소통한다. 스토리텔링은 늘 독자와 청자의 수준을 고려한다. 그래서 스토리텔링은 사람들과 소통을 위한 방법이라고 할 수 있다. 우리는 딱딱한 지식보다는 감성과 체험에 기반한 지식과 정보에 더 이끌린다(이상민, 2009). 독자와 무관한 상황에서, 혹은 모르는 사람들이 만든 지식과 정보보다는 스토리 안에서 독자가 함께 경험하면서 얻게 되는 지식에 더 만족하고 공감한다는 것이다. 그래서 스토리텔링은 사람들의 감성에 호소하여 공감을 불러일으키는 효과적인 소통 방법이다.

스토리는 사람들이 문헌, 유물, 사실을 토대로 보았거나 체험했거나 상상했거나 하는 것을 바탕으로 만들어진다(박덕규, 2008). 그리고 그렇게 형성된 이야기는 서사 구조를 갖추면서 문학작품으로 창조된다. 전래동화, 전래 신화 및 설화, 그리고 작가에 의해 창작된 이야기인 소설, 에세이, 시, 시조 등이 문학작품에 포함된다. 오늘날에는 문학작품이 다양한 디지털 매체 환경과 어우러져 영화, 드라마, 애니메이션, 웹툰 등의 영상작품으로 확장되고 있다(박덕규, 2008).

스토리는 형식적인 면에서 사건, 배경, 인물이라는 구성요소를 가지고 시작, 중간, 끝의 시간적 연결 고리에 의해 기술된다는 점에서 묘사, 설명, 논증과 같은 다른 글쓰기와는 구별된다. 내용면에서도 사건에 관한 단편적인 정보와 단순한 지식의 전달이라기보다는 주인공과 같은 인물, 배경, 사건이 어우러진 이야기를 공유한다는 면에서 특별함이 있다. 스토리텔링은 스토리를 따라가면서 연속적인 상황을 전개하여 독자로 하여금 상황을 파악하고 생각과 감정을 동반하게 하는 과정이다.

그렇다면 세계화, 정보화 시대라고 일컬어지는 21세기에 스토리텔링에 주목하는 이유는 무엇일까? 스토리텔링이 담고 있는 특성과 인간의 감성 간의 관계에서 그 이유를 찾아볼 수 있을 것이다.

첫째, 인간은 본질적으로 이야기를 하고 싶어 하고 듣고 싶어 하는 욕구를 가지고 있다(이상민, 2009). 인간의 사회성은 상호 간 소통에 기반해서 발달한다. 오늘날 사회는 세계화, 정보화로 인해서 활동의 범위가 확대되고 교류의 대상도 많아졌다. 그만큼 소통의 대상이 증가한 것이다. 그래서 과거보다 더 많이 자신의 이야기를 하면서 다른 사람들의 이야기를 듣게 되었다. 이야기를 통해서 서로의 마음을 살피고 공감을 형성하면서 공동체를 형성하고 있다.

둘째, 오늘날의 사회는 감성 기반 사회로 변화하고 있다. 지식 기반 사회에서 사람들은 리얼리즘 문화에 익숙해 있고 이에 의해 의사결정을 해 왔기 때문에 객관적이고 현실적인 사실을 담은 이야기가 지배적이었고 우선적이었다(이상민, 2009). 그러나 감성 기반 사회에서는 딱딱한 현실보다는 무한히 상상의 여행을 할 수 있는 상상적 이야기가 사람들의 마음을 더 많이 움직이고 주목받게 되었다. 현실적인 이야기에 제한받지 않고 창조적 상상에 의해 만들어진 이야기가 사람들의 마음을 사로잡게 된 것이다.

셋째, 정보 기술은 이야기의 전달 매체가 되었다(이상민, 2009). 생산된 이야기는 경계없이 전 세계로 어디로든지 전달되고 있다. 이야기의 신뢰성은 물론이고 이야기의 생산자와 소비자도 구분하기 어렵게 만들었다. 그만큼 디지털 미디어의 발달로 인해 이야기의 생산과 소비가 다양해졌을 뿐 아니라 경험할 수 있는 이야기도 다양해졌다. 이제 이야기는 사람들 간 소통의 주된 도구가 되었으며 그만큼 스토리의 가치도 향상되었다고 할 수 있다.

스토리텔링은 현장성, 반영성, 유동성, 즉시성, 축적성의 다섯 가지 특성을 가지고 있다(이상민, 2009)(그림 1). 현장성은 스토리텔링이 '지금 여기'에서 일어나고 있는 것처럼 상황을 떠올릴 수 있는 것을 말한다. 그래서 스토리텔링에 참여한 사람들은 자신들이 지금 바로 현장에 있는 것처럼 느낄 수 있다. 환경과 상황적 맥락이 어떤지를 상상할 수 있어서 문제 상황을 충분히 파악해서 문제해결의 비범한 해결책을 생각해 내는 데도 긍정적이다. 반영성은 스토리텔링에 참여하는 사람들의 반응을 감지하면서 행해지는 특성이다. 참여자의 반응을 감지하면서 참여자의 특성에 맞게 서사의 흐름을 조절하거나 스토리의 부분들을 수정하여 참여자에게 효과적인 스토리텔링이 될 수 있게 한다. 유동성은 스토리텔링이 갖는 무정형성이다. 스토리텔링은 전달 수단, 전달 대상, 전달 시점에 따라서 내용과 형태를 다르게 할 수 있다. 예를 들어, 종이 도서를 통해 전달할 때, 디지털 미디어를 통해 전달할 때, 그리고 직접 스토리텔러가 전달할 때에 따라서 스토리의 내용과 형태는 달라질 수 있다. 이러한 유동성은 참여자의 특성을 고려하여 효과적으로 전달할 수 있게 하는 장점을 가지고 있다. 즉시성은 시공간을 초월하여 실시간 스토리의 상황을 재현할 수 있다. 언제 어디서 발생한 일이든 스토리를 활용하여 즉시 내용을 전달할 수 있다. 그리고 축적성은 스토리 사용자 간의 상호작용으로 스토리가 생성과 소멸, 변형을 반복하며 형성되는 성질이다.

스토리텔링은 위와 같은 여러 가지 특성 외에 다음과 같은 효과를 지닌다.

먼저, 스토리텔링은 시뮬레이션과 행동에 대한 동기 부여의 힘을 갖고 있다(칩 히스·댄 히스, 안진환·박슬라 역, 2007)(그림 2). 시뮬레이션을 통해 참여자로 하여금 어떤 상황이 발생하고 있는지, 이에 따라 어떻게 행동해야 하는지에 대한 지식을 제공하는 동시에 공감을 형성하여 사람들이 행동하도록 고취시킨다.

둘째, 스토리텔링은 오락과 긴밀한 관계를 갖는다(칩 히스·댄 히스, 안진환·박슬라 역, 2007). 아이들이 게임을 좋아하듯이, 어린이 시기에는 동화책 읽기를 즐겨한다. 이 시기의 동화책 읽기는 그냥 '재미'가 있어서 하는 활동이다. 이야기 안에서 여러 가지 상황들을 경험하고 주인공의 말과 행동에 공감하며 경험의 세계를 확장하고 호기심을 촉발하고 충족하기 위한 또 다른 경험의 세계에 도전하기도 한다. 즉, 어린이들에게 동화책 읽기는 능동적인 활동이며 흥미로운 경험이다.

셋째, 스토리텔링은 문제해결을 지원한다(칩 히스·댄 히스, 안진환·박슬라 역, 2007). 문제해결을 위해서는 문제의 상황 파악, 문제의 원인 파악이 전제되어야 한다. 스토리텔링은 시뮬레이션 효과가 있어서 스토리텔링을 통해서 스토리 안에서 발생한 문제들의 상황과 원인 파악이 가능하며, 이를 토대로 문제해결의 계획을 머릿속으로 시연해 볼 수 있으며, 상황에 맞게 원인과 대안을 조절할 수 있다. 현실의 복잡한 상황을 단순화하여 스토리로 만들어 제공함으로써 상황에 따른 문제의 원인 파악, 문제의 해결 방안을 탐색하는 방법을 학습하는 데 유익성을 지닌다. 즉, 스토리텔링의 시뮬레이션은 공감을 불러일으키고 공감은 연상력을 자아내며 연상력이 문제해결력과 연결된다. 그래서 칩 히스·댄 히스(안진환·박슬라 역, 2007)는 정신적인 시뮬레이션 연습 하나만으로도 '육체적 연습을 통해 얻을 수 있는 혜택의 3분의 2를 얻을 수 있다.'라고 하였다.

넷째, 스토리텔링은 지속적인 변화를 이끌어 낸다. 스토리는 발단 → 전개 → 절정 → 결말의 구조를 가진 서사이며 사람들의 삶의 한 모형을 보여 준다. 그래서 사람들은 이 모형을 기반으로 하여 결말 이후의 상황을 상상하기도 하고 모형에 기반해서 유사한 상황을 전개해 보기도 한다. 즉, 스토리 모형을 토대로 이후의 변화를 상상하거나 다른 상황에 적용하면서 생각과 행동의 변화를 가져오고, 그러한 변화는 지속적인 사회변화 효과를 발휘하게 된다.

그렇다면 스토리텔링의 효과는 어디에서 나타나는 것일까? 이에 대해 칩 히스·댄 히스(안진

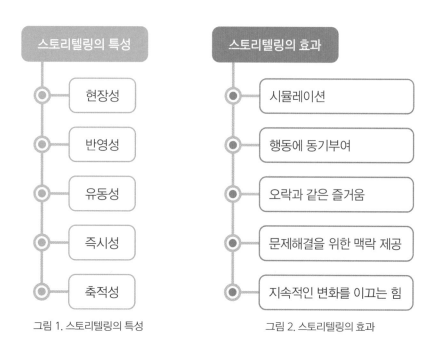

그림 1. 스토리텔링의 특성　　　　　　그림 2. 스토리텔링의 효과

환·박슬라 역, 2007)는 스토리가 갖는 5가지 특성을 SUCCES로 설명한다(그림 3). 먼저, 스토리는 단순하다(Simplicity)는 것이다. 복잡하고 다양한 현실 세계의 사례들을 독자의 수준에 맞게 단순화하여 전달함으로써 독자 입장에서 이해하는 것이 어렵지 않고 흥미로움을 준다. 스토리는 대상 독자에 따라서 복잡하고 길게 또는 간단하고 짧게 유동적으로 조절될 수 있기 때문이다. 둘째, 예상을 깨뜨린다(Unexpectedness)는 것이다. 스토리의 서사구조는 발단(도입) → 전개 → 절정 → 결말의 과정으로 이루어진다. 절정 부분에서는 예상 밖의 상황이 전개되는 등 독자의 흥미를 최고조에 다다르게 한다. 상식적으로 믿어 왔던 사실이 아닌 특별한 상황이 전개되면서 독자에게 흥미를 줄 뿐 아니라 다양한 견해와 시각을 경험하게 한다. 셋째, 스토리는 구체적(Concreteness)이다. 스토리에는 구체적인 상황이 포함되어 있다. 그래서 독자 입장에서는 구체적인 상황을 스토리 내의 등장인물들과 함께 경험하면서 상황을 파악하게 된다. 그래서 독자는 스토리 속의 상황이 마치 자신의 삶에서 전개되는 상황으로 생각하면서 자신의 입장에서 상황을 파악하고 이후의 상황을 예상하기도 한다. 넷째, 신뢰한다(Credibility)는 것이다. 스토리는 도입에서부터 구체적 상황에 기반하여 서사 흐름이 전개되고 궁극적으로 결말에 이르는데 그 서사 전체 흐름에 독자가 함께 경험하며 진행해 왔기 때문에 독자는 결말에 대해 신뢰감을 갖는다는 점이다. 가상의 체험이지만 독자는 현실에서 체험한 것 같은 공감을 하며 스토리의

그림 3. 스토리의 특성

스토리로 배우는 세계시민교육

상황을 믿을 만한 것으로 인식한다. 다섯째, 감정적인 반응(Emotion)을 부른다. 독자는 스토리의 전개에 따라 함께 공감하며 결말에 대해서 감정적인 반응을 보인다. 특히 극적인 문제해결을 통해 해피엔딩을 맞이한 결말이나 극적인 문제해결을 했으나 해피엔딩을 맞이하지 못한 결말에서 독자는 그 결말에 응당한 반응을 보이면서 사건의 원인, 해결 과정을 전체적으로 성찰하기도 한다. 여섯째, 삶의 한 단면을 지닌 스토리(Story)이기 때문에 가능하다는 것이다. 스토리는 사람들의 생활의 한 단면 또는 상황의 한 단면에 해당하기에 실재적이지 않더라도 가능성을 포함한다. 그래서 스토리는 생활의 한 모형으로 받아들여진다.

2. 세계시민교육과 스토리텔링

2.1 유네스코 세계시민교육의 목표와 내용

유네스코는 2015년에 『세계시민교육: 주제와 학습 목표(Global Citizenship Education: Topics and Learning Objectives)』를 발간하여 학교에서 세계시민교육을 위한 지침을 제공하였다.

먼저, 위의 지침서에 제시된 세계시민의 자질을 통해 세계시민교육의 의미를 살펴보면, 세계시민교육을 받은 학습자라면 다음의 세 가지 특성을 지녀야 한다고 하였다(표 1). 첫째, 지식 정보와 비판적 사고력을 갖춰야 한다. 여기서 지식은 글로벌 거버넌스의 체계, 구조 그리고 글로벌 이슈와 지역 이슈 및 상호 연계성과 의존성에 대한 이해를 포함한다. 또한 비판적 그리고 분석적 방법으로 이 사안들에 대해 접근할 수 있는 기능을 갖춰야 한다. 둘째, 풍부한 사회적 관계 속에서 다양성을 존중하는 자세이다. 이는 글로벌 사회에 내재되어 있는 다양성을 인식하고 존중하며 다양한 사회적 관계를 이해하는 태도를 말한다. 즉, 차이를 존중하고 타인과 함께 살아가는 데 필요한 지식, 기능, 가치, 태도를 의미한다. 셋째, 윤리적 책임감을 갖고 참여하는 학습자이다. 이는 윤리적 책임 있는 행동으로 글로벌 사회를 더 나은 세상으로 만들어가는 데 기여하는 시민이다.

다음은 본 지침서에 제시한 세계시민교육의 핵심 주제 영역과 세부 학습 내용이다. 세계시민

표 1. 유네스코가 제시한 세계시민교육의 핵심 주제 영역과 세부 학습 내용

핵심 주제 영역	세부 학습 내용
지식과 비판적 사고력 (인지적 영역)	1. 지방, 국가, 세계의 체제 및 구조 2. 지방, 국가, 세계 차원에서 공동체 간 상호작용 및 관계에 영향을 끼치는 이슈들 3. 현상의 이면에 존재하는 전제와 권력의 역학관계
사회적 관계와 다양성 존중 (사회-정서적 영역)	4. 다양한 차원의 정체성 5. 사람들이 소속된 다양한 공동체와 이들의 연결 양상 6. 차이와 다양성에 대한 존중
윤리적 책임감과 적극적 참여 (행동적 영역)	7. 개인 및 집단 차원에서 실천할 수 있는 행동 8. 윤리적으로 책임감 있는 행동 9. 행동에 참여하고 실천에 옮기기

출처: UNESCO, 2015, 28.

교육의 핵심 주제로 제시한 내용은 〈표 1〉이다.

지식과 비판적 사고력 영역에서는 세계의 체제 및 구조, 지구적 상황과 이슈에 대한 내용 지식과 상황과 문제, 체제에 대한 비판적 사고 관련 교육을 포함한다. 사회적 관계와 다양성 존중 영역에서는 다양한 차원의 정체성, 다양성, 상호 연결성을 인식하고 이해하고 존중하도록 하는 교육을 포함한다. 윤리적 책임감과 적극적 참여 영역에서는 개인과 집단 차원에서 윤리적 책임감과 실천을 이끌어 낼 수 있는 교육을 지향한다. 무엇보다도 다른 기관에서 제시한 세계시민교육과 차별화된 특징은 행동적 영역의 강조라고 볼 수 있다.

궁극적으로 유네스코에서 제시한 세계시민교육은 학습자들에게 더 포괄적이고 정의롭고 평화로운 세상을 만드는 데 기여하도록 필요한 지식, 기술, 가치, 실천 역량을 길러주는 변혁적인 교육이다.

오늘날 학교 현장에서 세계시민교육을 위한 핵심 내용들을 정리하면 〈표 2〉와 같다. 먼저 인지적 영역이다. 인지적 영역에 제시된 주요 내용 요소들은 인권, 평등, 정의와 같은 인류의 보편적 가치 관련 내용, 문화 정체성과 다양성 관련 지식, 지역 이슈와 글로벌 이슈 그리고 상호연결, 지속가능발전, 세계화와 세계 체제 그리고 상호의존성, 권력과 거버넌스 관련 지식이다. 이는 세계화 및 세계 체제(정치적 그리고 경제적 체제 포함), 개별 문화를 포함한 문화다양성, 지역 이슈를 포함한 글로벌 이슈, 그리고 인류의 보편적 가치의 4개 영역으로 정리해 볼 수 있다.

다음은 기능 영역이다. 기능 영역은 비판적 사고, 분석적 사고, 의사결정, 의사소통, 협업, 정

표 2. 유네스코의 세계시민교육 내용

인지적 영역	사회-정서적 영역 (가치-태도)	행동적 영역
• 지방, 국가, 세계의 체제 및 구조 • 지방, 국가, 세계 차원에서 공동체 간 상호작용 및 관계에 영향을 끼치는 이슈들 • 현상의 이면에 존재하는 전제와 권력의 역학관계 • 사람들이 소속된 다양한 공동체와 이들의 연결 양상	• 다양한 차원의 정체성 • 차이와 다양성에 대한 존중	• 개인 및 집단 차원에서 실천할 수 있는 행동 • 윤리적으로 책임감 있는 행동 • 행동에 참여하고 실천에 옮기기

보화 기술 그리고 협업의 능력으로 정리해 볼 수 있다. 비판적 사고, 분석적 사고, 의사소통 능력은 매우 중요한 기능이다. 특히 미디어 정보화 기술 능력은 글로벌 스케일에서 미디어 매체를 활용한 학습에의 접근 필요성을 반영한 것으로 보인다.

다음은 태도와 가치를 포함한 사회-정서적 영역이다. 여기에는 공감, 타인 존중, 타문화 존중, 참여적 태도, 공동체 의식, 개방적 태도, 글로벌 마인드가 있다. 특히 공감, 다양성의 존중, 참여와 책임감은 매우 중요한 요소이다.

다음은 행동적 영역이다. 행동적 영역은 참여와 실천의 내용으로 구성되어 있다. 유네스코의 세계시민교육은 인지적 영역과 사회-정서적 영역과 동등한 비중으로 행동적 영역의 교육을 강조하고 있다.

오늘날의 세계시민교육은 글로벌 사회에서 개인의 역량 강화와 글로벌 사회에서 윤리적 책임을 실천할 수 있는 태도와 적극적 행동을 이끌어 내는 교육이다. 즉, 학습자들로 하여금 자신이 속한 글로벌 공동체에서 시민으로서의 역할을 준비하고 자신의 권리와 책무를 인식하게 하는 교육이다.

인지적 영역에서는 인권, 자유, 평등, 민주주의를 중심으로 한 인류의 보편적 가치, 다양한 문화, 글로벌 이슈, 지역 단위 구성과 상호연계성, 상호의존성을 포함하는 지방·국가·세계 체제를 포함하고 있다. 이를 통해 지역, 국가, 세계의 구성 체제와 다양한 문화와 이슈, 그리고 인간의 보편적 가치를 인식하도록 한다. 다음으로 사회-정서적 영역에서는 글로벌 사회에서 보편적 인류로서의 소속감과 공생의 태도를 형성하도록 한다. 그리고 행동적 영역에서는 우리가 속한 공동체의 긍정적 발전을 위한 적극적 행동 의지를 형성하고 글로벌 사회에서 자신의 역할과 책임을 수행하는 데 필요한 기능들을 포함하고 있다. 이 핵심 내용 영역들은 초, 중, 고등학교의 전 과정에서 학년 수준에 적합한 사례와 세부 주제를 설정하여 다뤄질 수 있는 내용이다.

2.2 세계시민교육에서 스토리텔링 방법

세계시민교육에서 스토리텔링은 두 가지 차원에서 진행할 수 있다. 하나는 '세계시민교육을 위한 스토리텔링'이며, 다른 하나는 '스토리텔링을 위한 세계시민교육'이다. '세계시민교육을 위한 스토리텔링'은 세계시민교육과 관련된 다양한 스토리들을 수집하여 다시 스토리로 재구성하여 스토리로 표현하는 것이다. 세계시민교육과 관련된 스토리는 전래동화, 신화, 소설, 시 등의 문학작품과 디지털 문화콘텐츠 등을 모두 포함한다. '스토리텔링을 위한 세계시민교육'은 세계시민교육을 스토리로 만들어서 널리 전달하는 방식이다. 인권, 평화, 민주주의, 정의 등의 인류의 보편적 가치와 세계화, 문화다양성, 글로벌 이슈, 환경 및 지속가능발전 등의 세계시민교육 내용들을 이야기로 만들어서 표현하는 것이다(표 3). 여기에서는 '세계시민교육을 위한 스토리텔링'에 주안점을 두고자 한다.

'세계시민교육을 위한 스토리텔링'을 위해서는 우선 관련 스토리의 수집이 필요하다. 세계시민교육의 세부 주제 영역인 인권, 평화, 민주주의, 정의 등의 인류의 보편적 가치, 세계화 및 세계체제, 문화다양성, 글로벌 이슈, 환경 및 지속가능발전 등의 내용을 담고 있는 관련 스토리를 찾아야 한다. 또한 스토리는 스토리텔링의 대상 학습자의 수준을 충분히 고려해서 학습자에게 흥미를 자아내고 이해를 북돋울 수 있어야 한다. 예를 들어, 유치원, 초등 저학년, 초등 중학년, 초등 고학년, 중학생, 고등학생에 이르기까지 학교급을 고려하여 스토리를 선정해야 한다.

둘째, 스토리를 수집한 후 이 스토리를 표현할 수 있도록 서사구조를 설정해야 한다. 스토리텔링에서 가장 중요한 요소는 주인공일 것이며, 주인공과 등장인물들이 만들어 가는 사건의 발단, 전개, 절정, 결말의 구조를 구성해야 한다. 이러한 서사구조는 일반적으로 도입, 전개, 절정, 결말의 형식을 갖춘다.

셋째, 스토리텔링은 시나리오 작성으로 완성된다. '세계시민교육을 위한 스토리텔링'도 시나리오를 작성해야 한다. 시나리오는 이야기와 담론으로 구성되는 서사를 더욱 구체적인 요소들의 조정과 연출로 표현한다(옥한석, 2011). 세계시민교육을 위한 스토리텔링의 시나리오는 일반적인 시나리오의 구조를 학습자 중심의 시나리오로 각색한다. 서사 행위자, 세계시민교육 소재, 장면의 시간적 흐름, 장면의 공간적 상황 등을 잘 구성한다. 또 학습자를 주인공 또는 등장인물과 연계하여 이야기의 발단, 전개, 절정, 결말의 구조로 전개하는 시나리오를 작성한다. 이야기는 세계시민교육을 배경으로 하여 전개되는 상황과 연계성을 형성한다. 학습자의 흥미와 세계시민교육 관련 동기유발을 촉진하면서 결과적으로 공감을 이끌어 내는 것이다. 무엇보다도 주요 사건 상황이 세계시민교육을 다루어 흥미, 공감, 이해, 실천을 유발할 수 있도록 구성하는 것이 필요하다.

표 3. 문학작품과 세계시민교육을 위한 스토리텔링 서사구조 비교

문학작품	세계시민교육을 위한 스토리텔링
주인공	주인공(학습자 연계)
등장인물	등장인물(학습자 연계)
배경	배경
주요 사건: 발단, 전개, 절정, 결말	주요 사건: 세계시민교육 관련 내용 중심, 흥미유발, 공감, 이해, 실천

2.3 세계시민교육을 위한 스토리텔링 교육의 접근방법

● 글로컬 관점

세계시민교육을 위한 스토리텔링에서는 로컬과 글로벌 차원을 상호 연계하여 살펴보도록 한다. 글로벌 차원과 로컬 차원을 이원화 또는 분리해서 접근하기보다는 세계적인 것과 로컬적인 것을 상호의존적이고 상호연계적으로 접근하여 글로컬 관점(glocal perspectives)을 형성하도록 지원해야 한다. 로컬에 기반하여 학습하되, 로컬의 사회현상과 사회문제를 글로벌 스케일에서 살펴보게 함으로써 글로컬 관점을 형성한다. 세계시민의식은 지역사회에 대한 학습, 지역사회에서 실천을 토대로 형성되고 발전한다.

● 통합적 관점

세계시민교육은 인권, 평화, 문화다양성, 지속가능발전, 글로벌 이슈 등의 다양한 영역의 교육을 포함한다. 글로벌 사회 현상과 사회 문제는 복합적인 요인이 상호 연결되어 있어서 인권, 평화, 문화, 환경 및 지속가능발전 영역들 간 통합적 접근이 요구된다. 또한 교과 영역들 간의 통합도 요구된다. 세계시민교육의 특성은 모든 교과와 연계성을 지니고 있어서 세계시민교육 주제를 중심으로 교과 간 관련 내용을 추출하고 통합하여 교육과정을 재구성하는 것이 바람직하다.

● 비판적·창의적 관점

세계시민은 글로벌 사회의 구성원으로 살아가는 데 필요한 자질과 능력을 지닌 사람이다. 즉 글로벌 사회인으로 역할을 요구받고 있다. 글로벌 사회인으로의 역할에는 글로벌 사회에서 발생하는 다양한 사회 현상에 관심을 갖고 글로벌 사회 문제 해결에 적극적으로 참여하여 글로벌 사회가 긍정적인 발전을 할 수 있도록 지원하는 것이다. 이를 위해서는 매일 발생하는 사회 현상과 사회 문제에 대해 비판적 시각으로 살펴보고 발전적인 방안을 찾아 제시할 수 있는 능력이 필요하다. 이에 세계시민교육에서는 무엇보다도 비판적이고 창의적인 사고력을 지닌 인재 양성에 중점을 둔다.

● 장기적 관점

세계시민교육에서 다루는 인권, 평화, 문화다양성, 지속가능발전 등은 장기적으로 추진해야 하는 사회의 발전 방향이다. 현재 세대에서뿐만 아니라 다음 세대인 미래 세대에까지 지속적으로 행해져야 하는 교육이다. 그러므로 세계시민교육에서 다루는 내용은 현재 사회뿐 아니라 미래 사회도 염두에 두고 선정해야 한다.

● 참여적 관점

세계시민교육이 목표로 하는 세계시민의식의 함양은 궁극적으로 세계시민으로서의 실천적 행동에 중점을 두고 있다. 세계시민교육은 자신을 성찰하고, 자신을 둘러싼 사회에의 관심을 재고하고 나아가서 사회에서 적극적 역할을 실천할 수 있는 태도와 능력을 길러 주는 데 목표를 둔다. 그러므로 세계시민교육은 학습자가 실천적 태도와 실천 능력을 갖추는 데 중점을 둔다.

● 다양성 관점

　세계시민은 글로벌 사회에서 다양한 사람들과 함께 살아갈 수 있고, 세계 어느 공동체 사회에서도 적극적으로 참여하여 생활할 수 있는 태도와 능력을 지닌 사람이다. 즉, 세계시민은 글로벌 사회의 한 구성원으로 인식하면서 글로벌 차원에서 글로벌 시각을 갖고 사회 현상을 바라보고 사회 문제를 해결할 수 있는 능력을 지닌 사람이다. 이러한 능력의 핵심은 다양한 관점을 이해하고 공감하며 때로는 비판적으로 수용할 수 있는 마음가짐이다. 세계에는 다양한 지역, 사람, 종교와 문화가 있는데, 세계시민은 이런 다양성을 존중하고 비판적으로 실천할 수 있는 자질이 필요하다.

그림 4. 세계시민교육을 위한 스토리텔링 교육의 접근

3. 세계시민교육에서 스토리텔링의 교육적 효과

　세계 곳곳은 스토리로 가득 차 있다. 과거와 현재 그리고 이곳저곳에서 일어난 일상의 현상들은 스토리의 소재가 된다. 시대와 장소를 배경으로 한 우리 인간의 실존적 삶을 담은 스토리는 만능 텍스트라고 해도 과언이 아니다. 스토리를 담고 있는 대표적인 담지체는 책이다. 특히 문학작품에 담긴 문화 콘텐츠는 스토리텔링을 위한 스토리의 보고이다. 세계 각국의 문학작품은 글로벌 시대를 살아가는 우리에게 매우 소중한 스토리를 전해 준다. 그 스토리에 관심을 갖고 이해하려는 움직임 자체가 이미 세계시민으로서의 자질을 가지고 있다고 해도 과언이 아니다. 그래서 세계시민교육은 다른 문화나 스토리에 관심을 보이는 것에서부터 출발한다.

　스토리를 중심으로 세계시민교육을 펼치는 것은 세계시민교육에의 접근을 쉽게 할 수 있는 장점이 있다. 그 효과적인 방법이 스토리텔링이다. 스토리텔링은 스토리를 통해서 생각을 공유한다. 스토리를 들려주고 듣는 과정은 스토리라는 텍스트와 스토리를 듣는 상황인 맥락이 동시에 발생한다. 스토리는 말하는 사람과 듣는 사람을 하나로 이어주는 매우 유용한 매체이다. 우리는 스토리텔링을 통하여 스토리를 말하고 들으면서 자신들의 또 다른 스토리를 만들어 간다. 이러한 과정에서 공감, 행동에의 동기 부여, 상상, 새로운 시각 등을 기대할 수 있다.

먼저, 스토리텔링은 세계시민교육에서 변혁적 교육을 가능하게 해 준다. 스토리를 매개체로 하는 스토리텔링은 단순히 스토리를 들려주고 듣는 관계 이상으로 학생들의 삶에 영향을 줄 수 있다. 학생들은 스토리텔링의 스토리가 주는 의미를 자신들의 삶에 적절하게 변용할 수 있다. 이와 같은 변용은 곧 변혁적 교육의 시작이라고 볼 수 있다. 스토리텔링을 통한 경험을 삶 속에서 문제를 해결하거나 새로운 가치를 발견하는 등의 행위에 적용하는 그 자체가 변혁적 교육에 해당한다. 스토리텔링의 학습 경험을 변용하는 것은 학생이 자기주도성을 가지고 행하는 적극적이며 창의적인 구성을 동반하기 때문이다. 또한 스토리텔링을 학교 교육에서 다양한 교과의 학습에 적용하는 경우, 스토리텔링은 학생들의 발산적 사고를 자극하여 상상력에 날개를 달아 줄 수 있다.

더욱이 스토리텔링은 학생들이 스토리 안의 텍스트를 자신의 상황에 맞추어 전환하여 받아들일 수 있도록 적극적으로 안내한다. 학생들은 스토리 안의 텍스트를 자신의 맥락에 맞추어서 확대 심화시켜 변형할 수 있다. 이렇듯 학생들이 스토리를 주체적으로 변형함은 스토리를 더욱 생명력이 넘치게 만들어 준다. 생명력 있는 스토리는 진정성과 호소력이 있기에 또 다른 학생들에게 깊은 감동을 줄 수 있다. 자신의 삶을 토대로 한 스토리의 창작은 학생들을 스토리 작가(story teller)로 만들어 준다. 이때 학생들은 스토리의 전달자와 수용자의 수준을 뛰어넘어 자유롭게 다자간의 역할을 넘나들 수 있다.

또한 스토리는 콘텐츠나 정보를 맥락적으로 전달함으로써 분절된 사건들과 정서, 의도 등을 연계시켜 해석하고 파악할 수 있게 한다(양미경, 2013). 스토리는 그 소재가 가진 이면의 맥락을 이해하는 데 많은 도움을 준다. 그리고 스토리 속의 소재에 존재하는 행간의 의미, 정서, 숨겨진 의도 등을 종합적으로 파악하는 데 큰 도움을 준다. 이것은 스토리를 분절적이며 파편적으로 이해하는 수준을 넘어서 종합적인 안목을 줄 수 있다. 학생들이 스토리텔링의 스토리를 직역하는 수준에서 벗어나 시대적 그리고 개인적 상황을 반영하여 해석할 수 있게 해 준다. 다시 말하여 스토리텔링은 학생들이 분절적으로 경험한 스토리를 자신의 삶을 바탕으로 주체적인 해석을 가능하게 해 준다. 학생들은 스토리텔링의 스토리를 수동적으로 수용하는 존재에서 벗어나 스스로 스토리를 구성해 갈 수도 있다. 그리고 학생들은 스스로 조직한 스토리를 다양한 방법을 통하여 자신의 것으로 만들어서 생명력 있는 지식으로 만들 수 있다. 특히 학생들이 학습 주제와 관련된 스토리를 직접 작성한 후, 이를 토대로 한 스토리텔링은 학생들의 능동적이고 주체적인 학습에 매우 효과적일 수 있다.

스토리텔링의 변혁적 활용은 학생들이 스토리를 이해하고, 이를 자기화하여 자신의 삶을 돌아봄으로부터 시작한다. 자신의 세계를 토대로 구체화한 이야기는 다른 사람의 삶에 투사할 수 있게 해 주고 스토리를 변혁적으로 응용할 수 있게 해 줄 것이다.

둘째로 스토리텔링은 세계시민교육에서 공감 교육에 도움을 준다. 스토리텔링은 스토리를 통하여 서로 간의 소통을 강조한다. 이로 인하여 스토리텔링은 듣는 자로 하여금 스토리에 감정이입 하도록 한다. 이는 역지사지를 하게 함으로써 나 아닌 타자에 대한 이해도를 높일 수 있다. 다시 말하여 학생들이 화자의 입장으로 스토리에 몰입함으로써 타자에 대한 생각, 감정, 입장 등에 공감하는 경험을 축적할 수 있다. 이렇듯 스토리텔링을 통한 공감 능력의 함양은 세계시민교육에서 매우 중요하게 여기는 상호 문화 이해에 도움을 줄 수 있다. 문화다양성에 대한 이해는 글로벌 시대에 매우 중요한 역량이라고 볼 수 있다.

세계시민교육에서 스토리텔링의 적용은 학생들이 공감하기 어려운 국제사회의 이슈들에 대한 공감과 감정이입을 유도할 수 있어 학생들의 주도적 활동을 이끌어 낼 수 있으며, 타인의 관점에서도 국제적 이슈들을 바라보는 비판적 시각과 태도를 함양시킬 수 있다(박지현·이예경, 2018). 스토리텔링은 세계 곳곳의 자연, 문화, 삶 등을 적극적으로 이해하는 자세를 갖게 해 주기에 타자 혹은 타국의 이해를 넘어 평화를 가져다 주어 전쟁을 억제하고 갈등을 줄일 수 있다. 이처럼 스토리텔링을 통한 세계시민교육이 지향하는 평화교육, 인권교육, 문화다양성교육 등을 구체적으로 실천할 수 있는 역량을 기를 수 있다. 이런 역량은 타자, 타문화, 타국가 등에 대해서 관용을 가질 수 있는 여유를 준다.

스토리텔링은 또한 화자 자신이 스토리에 대한 몰입을 바탕으로 이루어지기에 화자는 스스로 자기 희열을 가진다. 자기 희열을 가진 화자는 스토리텔링에 참여하는 학생들에게 더욱 신명나게 스토리를 전함으로써 학생들의 공감을 높일 수 있다. 더 많은 학생들의 감성을 자극하는 것은 공감 교육에 도움이 된다. 더 나아가 화자가 청자인 학생들의 경험에서 공통점을 가진 세계의 스토리를 찾아내서 학생들이 세계시민의식과 관련된 활동 사례들을 접하게 할 수 있다. 스토리텔링은 감성을 자극하기에 세계시민교육 학습 시에 공감과 같은 정서적 요소를 동반하면 학생들이 주어진 상황을 능동적이고 주체적으로 이해할 수 있다. 그래서 스토리텔링의 공감은 교육적으로 긍정적 효과를 이끌어 낼 수 있는 시점이자 동기가 되는 것이다(이새미, 2018).

세계시민교육에서 스토리텔링의 활용은 스토리가 가지고 있는 친숙한 패턴을 통해 학생들의 상상력을 자극한다. 이를 통하여 새로운 내용에 흥미를 갖게 하고 이에 대한 몰입과 집중, 참여를 촉진시킨다. 특히 드라마와 같은 극적 효과를 동반하면 학생들의 공감과 정서적 일치감을 갖게 하는 데 큰 도움이 된다. 그래서 스토리텔링은 학습자에게 동기유발, 공감, 의사소통 능력을 발달시키는 데 효과를 지니고 있기에 세계시민교육에서 중요한 공감 능력을 기르는 데 적합하다고 볼 수 있다.

셋째, 스토리텔링은 세계시민교육에서 융합 교육에 도움을 준다. 스토리텔링은 스토리를 매개로 해서 서로 다른 영역을 융합시키는 데 큰 효과가 있다. 그래서 스토리텔링은 자신과 타인, 타문화, 타국가 등의 세계를 결합시켜주는 데 도움을 준다. 스토리텔링은 수업에서 교과와 교과를 통합하고 지식과 지식을 통합할 수 있도록 이끌어 준다. 스토리텔링은 학생들이 학습 경험들을 의미 있게 매개하고 통합할 수 있게 해 주기에 수업 활동으로서 가치와 역할이 크다. 또한 스토리텔링 자체가 융합의 특성이 있어서 학생들이 배우는 지식이 지나치게 분절되고 파편화되는 것을 극복할 수 있게 해 준다. 더 나아가 스토리텔링은 경험과 경험과의 관계를 의미 있게 맺어 나가고, 경험과 지식의 관계를 스스로 발견하고, 지식에서 다른 지식을 찾아가는 과정에 참여하게 해 준다(박인기 외 9인, 2013). 스토리텔링은 글로벌 세계에서 만나는 많은 경험, 지식, 삶 등을 상호 융합시켜 줌으로써 세계시민교육에서 효과를 가질 수 있다. 이렇듯 스토리텔링은 학생들이 만나는 경험을 의미라는 다리를 놓아 상호 연계시키는 데 도움을 준다.

더 나아가 스토리텔링은 학교 교육에서 융합교육과정을 구성하는 데 도움을 준다. 최근에는 학교 교육과정을 융합교육과정으로 재구성하여 운영하는 추세를 보이고 있다. 교사들은 국가교육과정을 자신의 상황과 조건에 최적화하여 재구성하고 있다. 학교 교육과정의 재구성에서 과목 간의 통합교육을 지향한다. 특히 특정 교과가 아닌 범교과로 운영되는 영역에서는 통합교육과정이 많이 실행되고 있다. 세계시민교육은 국가교육과정에서 범교과 주제로 다루어지고 있어서 수업시수를 제대로 확보하기가 어려운 실정이다. 세계시민교육의 스토리텔링은 사회교과를 비롯한 다양한 교과목과 연계하여 시행되고 있다. 스토리텔링은 교과 내용과 세계시민교육의 주제들을 접목시키는 데 매우 편리하게 해 준다. 스토리텔링을 통한 융합교육과정의 운영은 학생들의 창의성 신장, 비판적 사고의 함양과 의사소통의 역량 강화 등의 교육목표 성취에 도움을 줄 수 있다.

또한 스토리텔링은 학습자 개인 안에서도 융합을 경험하게 해 준다. 스토리를 통한 정보 전달은 보다 개인화되고, 일상화된 정보의 제공을 통해 학습자의 일상 경험과 교과지식의 연계성을 높이는 효과가 있다(양미경, 2013). 여러 관점이 관련되고 갈등하는 사태, 그리고 가치 및 신념의 형성과 변화에 주목하는 상황 맥락적인 주제를 다룰 때 스토리텔링 방법은 특히 효과적일 것으로 판단된다(양미경, 2013).

이처럼 스토리텔링은 융합교육을 가능하게 해줌으로써 학생들이 일상에서 만나는 상황을 다양한 관점들과 결합하여 종합적으로 이해할 수 있도록 도움을 준다. 세계시민교육의 입장에서는 스토리텔링을 통하여 세계의 다양한 관점, 사고, 경험, 사상, 문화 등을 서로 조화롭게 융합할 수 있게 해 준다. 스토리텔링은 세계시민교육이 지향하는 조화롭고 아름다운 세계를 만드는 데 크게 일조할 것이다.

넷째, 스토리텔링은 세계시민교육에서 미디어 리터러시의 신장에 도움을 준다. 스토리텔링은 기본적으로 스토리를 전달하는 화자, 이를 듣는 화자, 그리고 스토리라는 텍스트를 가지고 있다. 스토리는 기호를 가진 의미체라고 볼 수 있다. 의미체로서의 스토리는 먼저 화자가 의미체인 텍스트를 청자에게 전달하고, 청자인 학생들은 텍스트가 가진 기호의 코드를 풀어서 스토리를 받아들여야 제대로 이해할 수 있다. 스토리텔링은 계획된 기호들의 그물과 같은 인간 소통의 기본 요소로, 스토리를 통해 학습하고 자신의 의지를 전달하며 세계를 알아가는 점에서 중요하게 부각되고 있다(김영순·윤희진, 2010).

스토리텔링은 스토리의 기호를 만들고 풀어가는 과정이다. 스토리가 추상적 기호를 많이 담을수록 텍스트의 코드를 푸는 데 어려움이 많고 오해의 가능성도 높아진다. 스토리텔링은 기본적으로 언어적 상호작용이어서 언어 전달 능력과 언어가 담고 있는 내용의 이해가 큰 비중을 차지한다. 스토리 작가가 전하는 스토리를 제대로 이해하기 위한 출발은 듣는 자세이다. 세계시민교육에서 타문화 등이 가진 스토리 코드를 제대로 풀기 위해서는 타문화를 가진 사람들의 입장에 서는 것이 필요하다. 스토리텔링에서 스토리를 전하는 방법이 언어든 문자든 무엇이든 간에 스토리의 문화 코드를 지닌 입장에 서야 한다. 세계의 스토리도 여기서 예외는 아니다. 또한 스토리텔링은 학생들에게 의미 전달을 잘 해서 그들을 설득해 간다. 스토리 작가 역시 듣는 학생들의 입장을 보다 잘 이해할 때 더 큰 효과를 누릴 수 있을 것이다. 또한 스토리텔링은 디지털 리터러시를 동반하기도 한다. 스토리텔링에서 활용하는 각종 영상 매체들도 기호를 담고 있어서 학생들이 이들을 접할 때도 기호를 풀 필요가 있다. 인터넷, 사회관계망, 일인 미디어 방송 등이 보편화되면서, 이들이 가진 기호를 이해하기 위해서는 디지털 리터러시의 역량도 매우 요구되고 있다. 스토리텔링을 통한 미디어 리터러시는 추상적 학습 내용에 대한 구체적이고 맥락적 이해를 돕고, 세계시민의식 학습에 흥미로움을 더해주고, 다양한 교수학습 활동과 매체를 적용하는 것을 용이하게 하는 데 좋은 학습 자료가 될 수 있다(박지현·이예경, 2018). 방송이나 신문 등에서 접하는 글로벌 뉴스도 기호를 가지고 있어서 이 기호를 푸는 것이 매우 필요하다. 글로벌 뉴스가 가진 맥락, 상황 등을 바탕으로 한 이해는 디지털 리터러시를 가질 때 글로벌 뉴스를 제대로 이해할 수 있을 것이다. 역으로 세계시민교육에서 스토리텔링을 통하여 글로벌 뉴스를 자주 경험하도록 함은 뉴스에 대한 학생들의 해석 능력을 증진시켜 미디어 리터러시를 신장시킬 수 있다.

스토리텔링은 스토리를 매개로 하여 학생들의 몰입을 유도하고, 감성을 통한 타자와 타문화에 대한 공감 능력을 신장시키고, 서로 다른 영역이나 교과목들을 융합시켜 이해할 수 있는 능력을 증진시킬 수 있다. 세계시민교육에서는 이런 장점을 지닌 스토리텔링을 통하여 학생들의 글로벌 역량을 신장시킬 수 있다. 학생들에게 스토리를 제시하고 학생들이 스토리가 가진 기호를 풀어 가는 과정인 스토리텔링은 학생들이 세계에 대해서 따뜻한 시각을 가지고 공감할 수 있도록 해 준다. 학생들이 세계시민으로서 글로벌 문제를 자신의 문제로 인식하고, 이런 문제의식을 자신의 생활 속에 적용하는 스토리텔링 경험을 통하여 학생들은 변혁적 변환 능력을 기를 수 있다. 더 나아가 타자, 타문화, 타국가에 대한 감성적 이해를 통하여 공감 능력을 신장시킬 수 있다. 따라서 세계시민교육에서 스토리텔링은 학생들의 변혁적 교육, 공감 교육, 융합 교육, 그리고 미디어 리터러시를 신장시켜서, 글로벌 시대에 있어서 학생들의 인권교육, 평화교육, 문화다양성교육과 지속가능발전교육에 크게 기여할 수 있다.

세계시민교육에서 스토리텔링은 변혁적 교육, 공감 교육, 융합 교육과 미디어 리터러시 측면에서 매우 활용 가능성이 높다. 하지만 스토리텔링을 세계시민교육에서 활용하는 데 있어서 유의할 사항들도 있다.

스토리텔링의 스토리는 문화를 담고 있어서 문화와 독립적으로 존재할 수가 없다. 스토리는 문화의 담지체라고 해도 과언이 아니다. 스토리텔링은 스토리를 매개로 하여 자신의 문화를 전달하는데 이때 스토리에 담긴 문화를 학생들에게 일방적으로 전달하는 우를 범할 수도 있다. 그런 점에서 스토리텔링의 스토리 작가들은 스토리에 담긴 세계시민교육의 콘텐츠 못지않게 그 안에 담겨 있는 이면의 문화를 신중하게 살펴볼 필요가 있다. 스토리 안에 담겨 있을 수 있는 문화적 편견과 차별을 꼼꼼하게 점검할 필요가 있다. 문화적 편견과 차별을 가진 스토리를 소재로 한 스토리텔링은 학생들에게 특정 문화에 대한 고정관념이나 선입견을 낳을 수 있으니 이를 유념할 필요가 있다.

다음으로 스토리텔링의 스토리 작가는 스토리를 선택해야 한다. 이때 스토리텔링의 화자는 백지상태가 아니라 자기의 생각, 경험, 문화를 가지고 있어서 이들은 스토리를 선택하는 데 있어서 영향을 미칠 수 있다. 특히 화자가 스토리를 선택 시에는 지배 질서를 반영한 주류 문화가 큰 영향을 줄 수 있다. 보통 주류 문화는 소수 문화보다 우수하다는 선입견이나 편견을 줄 수도 있다. 그래서 스토리텔링에서 스토리를 선택할 때는 스토리의 선정 기준을 분명히 제시할 필요가 있다. 수업목적에 부합되는 콘텐츠를 가진 스토리를 공정하게 선정할 수 있어야 한다. 이를 해결하는 좋은 방법은 스토리의 선정 기준을 교사와 학생이 공유하고, 이를 바탕으로 함께 스토리를 선정하는 것이다.

세계시민교육에서 스토리텔링이 주로 한 지역에 편향된 선택을 할 수도 있다. 예를 들어 서구 기독교 문화 등을 중심으로 스토리를 선정하는 것이다. 그것은 주류 문화가 소수 문화보다 스토리를 제공하는 여건이나 작품에의 접근 가능성이 월등히 높고 편리하기 때문이다. 그러나 세계시민교육은 문화다양성을 지향하기 때문에 스토리를 선정할 때에 소수자, 사회적 약자, 저개발국, 소수 문화집단 등도 관심을 가지고 배려할 필요가 있다. 스토리텔링의 스토리가 기득권 주류 문화에 치우치지 않도록 유의하는 것은 스토리텔링이 학생들에게 문화제국주의를 강화하는 도구가 되지 않도록 하기 위함이다.

다음으로 세계시민교육에서 스토리텔링이 인기 있는 스토리만을 중심으로 이루어지지 않도록 유의할 필요가 있다. 스토리텔링이 지향하는 가치보다 학생들의 관심을 높이기 위하여 스토리 작품을 인기 위주로 선정할 가능성도 배제할 수 없다. 학생들의 흥미에 너무 크게 비중을 두지 말아야 한다. 부득이하게 스토리텔링에서 인기가 높거나 저명한 스토리를 사용할지라도, 세계시민교육이 지향하는 인권, 평화, 문화다양성과 지속가능발전의 가치를 기준으로 스토리를 선정할 필요가 있다.

　세계시민교육에서 스토리텔링의 스토리가 학생들에게 문화적 편견이나 차별을 낳지 않도록 유의해야 한다. 공정하고 가치로운 스토리를 가진 스토리텔링을 통하여 학생들이 세계 문화에 대한 공감을 토대로 보다 정의롭고 관용적인 세계를 만드는 데 기여할 수 있기를 바란다.

스토리텔링을 활용한
세계시민교육 수업의 실제

1. 문화다양성교육 수업의 실제

● 수업 구성 개요

세계시민교육 연계 요소

○ 다양성 차원의 정체성

○ 차이와 다양성의 존중

○ 사람들이 속한 다양한 공동체와 공동체 간의 상호연계 방식

○ 참여하고 실천하기

···› 문화다양성		
학년급	학습 주제	학습 내용
초등 1~2학년	틀린 게 아니고 다른 거야	• 이웃의 이웃에는 누가 살지? • 누구 발일까? • 학교 가는 길
초등 3~4학년	나와 다른 듯 같은 친구들의 이야기	• 일곱 나라 일곱 어린이의 하루 • 다른 나라 아이들은 무슨 놀이를 할까? • 지구마을 어린이 요리책
	다른 문화의 경험과 존중	• 축제의 의미와 중요성 • 세계를 한눈에 확실덕실 나라 축제 • 축제 소개 팸플릿 만들기
	다르지만 같은 우리의 음식 이야기	• 지역의 음식 문화 선택하기 • 퓨전 국수 만들기 • 코스 요리 구성하기
초등 5~6학년	차이와 다양성의 존중과 실천	• 돈가스 안 먹는 아이 • 우리 사회의 '파란 집' • 일상생활 속 색안경 내려 놓기

학습 주제:

틀린 게 아니고 다른 거야!

개요

학습 목표	인지적 영역	• 다양한 문화가 존재하는 사회와 구성원들의 다양성을 이해한다.
	사회·정서적 영역	• 자신이 속한 집단의 문화와 다른 문화의 가치를 인식함으로써 다른 문화를 존중하는 태도를 함양하도록 한다.
	행동적 영역	• 타인이 나와 다르므로 타인을 내 기준으로 평가하고 재단하지 않으며, 타인을 있는 그대로 인정하고 존중해 준다.
학습유형		주제 중심 통합적 접근, 문제해결학습 활용
장소		교실, 컴퓨터실
활용 자료		그림책(이웃의 이웃에는 누가 살지?: 누구 발일까?: 학교 가는 길)

수업에서 주안점

❶ 문화다양성이 점차 확산되는 상황에서 나와 다른 문화의 가치를 인식함으로써 다른 문화를 존중하는 태도를 함양하도록 한다.

❷ 세계 여러 나라 친구들의 일상생활을 살펴보며, 문화다양성에 관심을 갖고 열린 시각으로 바라볼 수 있도록 한다. 초 1~2학년군 통합교과의 '겨울', '봄', '여름'에 타문화 존중 및 공감, 친구 관계, 이웃 생활, 가족 등의 주제와 연계하여 수업이 이루어질 수 있도록 한다.

❸ 주제 중심 통합적 접근, 문제해결학습, 다양한 역할 놀이 및 게임 활동을 이용하거나 학교 현장, 학습자의 상황에 맞게 적정한 교수–학습 방법을 활용할 수 있다.

이웃의 이웃에는 누가 살지?

채인선(글), 김우선(그림)
2015, 미세기

주제: 요즘은 바로 옆집에 사는 사람도 서로에 대해 모를 수 있다. 이웃끼리 관심을 갖고, 서로를 인정하면 서로가 다르기 때문에 오히려 힘이 되어 줄 수 있다는 점을 느끼도록 하는 그림책이다.

현대 사회는 삶의 모습이 다양하다. 가족을 이루는 형태도 다양하고, 주말을 보내는 방법도, 집에서 지키는 규칙도, 부모님의 직업도, 좋아하는 음식도, 집 안 분위기도 모두 다르다. 『이웃의 이웃에는 누가 살지?』는 이웃들이 살아가는 모습을 보면서 '다양성'을 배우고, 우리 가족 또한 그 다양함의 한 부분이라는 점을 배우는 책이다.

다르다는 것은 갈등의 원인이 되기도 한다. 특히 요즘은 이웃 간의 갈등이 사회 문제를 가져오고 있다. 가장 큰 이유는 서로에 대해 너무 모르기 때문이다. 바로 옆집에 살아도, 매일 스치듯 얼굴만 볼 뿐 '이웃사촌'이란 말이 낯설어질 정도로 무관심하다. 하지만 이웃끼리 관심을 갖고, 서로의 다름을 인정하고 알게 되면, 서로가 다르기 때문에 불편한 것이 아니라, 동네가 즐거워진다. 우리 가족들에게는 해결하기 어려운 일이 옆집 사람들에게는 아주 쉬운 일 수 있다. 반대로 우리 가족이 늘상 해 오던 일이 누군가에게는 큰 도움이 될 수 있는 것이다. 이렇게 이웃들이 모여서 힘을 모으면 서로에게 힘이 되어 줄 수 있다. 그렇게 되면 우리가 사는 동네는 점점 더 큰 가족 공동체가 될 것이다. 이 책은 다양성에 대해 배우고 이웃끼리 지켜야 하는 배려와 예절을 알려주면서 이웃의 의미와 공동체 정신의 중요성을 알려준다. (출처: 미세기)

누구 발일까?

정해영(글·그림)
2009, 논장

주제: 신발에 대한 어린이의 호기심을 유발하고 달각달각, 뽀드득뽀드득, 사뿐사뿐 등 여러 가지 의성어와 의태어를 사용하여 감각적 표현을 가르쳐준다. 세계 여러 나라의 신발과 신발에 담긴 문화다양성을 알려주어 세계에 대한 이해를 돕는 그림책이다.

어린이들이 유난히 좋아하는 '신발'을 소재로 각각 모양과 특징이 다른 세계의 신발을 보여 주어 글 따라 그림 따라 신발을 따라 달각달각, 뽀드득뽀드득, 사뿐사뿐, 이 신발 신고 어디 갈까? 어린이들은 유난히 '신발'을 좋아한다. 아마도 어린이들이 처음 접하는 세상이 신발을 신고 나가야지만 만날 수 있는 곳이기 때문일 것이다. 그래서 어린이들에게 '신발'이란 바깥세상을 연결시켜 주는 첫 매개체가 될 수도 있다. 이 신발을 신고 나가면 다른 세상이 펼쳐지고, 어디든지 갈 수 있고, 새로운 친구도 만나고, 왠지 뭐든 할 수 있을 것만 같은……
환경을 이기기 위한 기능에 따른 신발과 예쁘게 꾸민 장식적인 신발의 두 분류로 나누어 각 신발의 특징을 간결하고 시원하게 설명한다. 그 물음과 답들을 따라가며 '아, 이런 신발이 있었네. 이 신발은 이런 특징이 있구나.' 하며 고개를 끄덕이다 보면 살아가는 데 꼭 필요한 옷이나 신발 등을 다시 한번 돌아보게 된다. 책을 덮으면 어느새 세계의 어린이와 친구가 된 듯도 하고 세계를 한 바퀴 돈 듯한 기분도 든다. 새롭게 만날 신발은 익숙한 내 신발만 보면서는 의식하지 못했던 '세계'라는 인식에 자연스레 눈뜨게 되는 특별하고도 소중한 그림책이다. (출처: 논장)

학교 가는 길

한태희(글·그림)
2015, 한림출판사

주제: 학교 가는 길을 예쁜 꽃길로 만드는 친구, 배를 타고 큰 섬에 있는 학교에 가는 친구, 오래된 신전의 흔적을 보며 학교에 가는 친구. 나와 친구들의 학교 가는 길을 보며 이해와 존중을 느낄 수 있는 그림책이다.

집 앞을 예쁜 꽃길로 만들고 학교에 가는 인도 친구, 배를 타고 큰 섬에 있는 학교에 가는 키리바시 친구, 학교에 가다 기린 가족을 만나는 케냐 친구, 아빠의 오토바이를 타고 학교에 가고 수업이 끝나면 무에타이를 배우는 태국 친구, 이른 새벽 친구들과 나란히 학교로 향하는 중국 친구, 학교 가는 길에 신전의 흔적을 보며 신과 영웅들의 이야기를 떠올리는 그리스 친구, 등굣길 푸른 하늘을 보며 꿈을 키우는 우리나라 친구까지! 집에서 가까운 학교에 다니는 우리나라나 대도시 아이들과 달리, 세계의 여러 아이들은 우리가 생각지 못한 여러 방법으로 학교에 다닌다. 자동차, 자전거, 스쿨버스, 오토바이, 배 등 다양한 교통수단을 이용해 학교에 가고, 학교에 도착할 때까지 몇 시간이 넘게 걸릴 정도로 먼 학교 길을 다니는 아이들도 있다. 『학교 가는 길』은 그런 모습을 담백하게 보여 줌으로써 세계 여러 나라의 살아가는 방식을 살펴보고 다양한 환경에 대해 이해할 수 있게 한다.

문화다양성의 시대, 어린 독자들은 세계 여러 나라 친구들의 학교 가는 길을 보며 재미있고 열린 시각을 갖게 될 것이다. 낯설게 생각했던 다른 나라들에 친근함을 느끼게 되고, 모습과 환경은 조금 다르지만 모두 각자의 꿈을 갖고 학교에 다니는 친구들을 보며 공감을 얻을 수 있을 것이다. (출처: 한림출판사)

단계	학습 내용	교수·학습 활동	자료(*) 및 유의점(·)
도입	생각 열기	**'모두 다 꽃이야' 국악동요 듣기** • 사진 제시: '모두 다 꽃이야' 사진 및 동영상 제시 • 사진에 등장한 학생들에 대해 떠오르는 생각 말하기 • 개인적 경험과 연계	*'모두 다 꽃이야' 국악 동요 관련 사진, 영상 자료
	학습 주제	• 친구들의 다양성을 존중하고 여러 친구와 잘 지내는 방법 알기	
전개	개념 정립	**[학습활동 1] 이웃의 이웃에는 누가 살지?** • 책 속의 이웃이 주말에 무엇을 하는지 살펴보기 • 우리 집에서의 규칙을 서로 이야기 해 보기 • 그림책 속 규칙과 우리 집의 규칙을 비교해 보기	• 다른 이웃의 생활을 하나의 잣대로 평가하지 않아야 한다는 점을 생각해 볼 수 있도록 지도한다.

	사례
	탐색
		[학습활동 2] 누구의 발일까?
		• 그림책을 보면서 다양한 의성어와 의태어 찾아보기
		• 그림책 속 세계 여러 나라의 신발 탐색하기
		   – 신발을 보고 어떤 환경에 적합한지 생각하며 퀴즈 풀기
		• 신발로 다른 나라 소개하기
		   – 자신이 그린 신발의 특징을 생각하며 그림으로 표현하기
			*퀴즈 PPT, 세계지도
			• 신발을 통해 다른 나라의 기후, 환경, 문화에 대해 관심을 갖고 그 특징을 연결지어 생각해 보도록 한다.

	심화
	실천
		[학습활동 3] 학교 가는 길
		• 다른 나라 친구들의 학교 가는 길 살펴보기
		   – 기억에 남는 다른 나라 친구의 학교 가는 길은 어떤 것이 있었는지 의견 나누기
		• 나의 학교 가는 길 그리기
		   – 내가 학교 가는 길을 그림으로 표현해 보기
		   – 나의 학교 가는 길과 다른 나라 친구들의 학교 가는 길의 같은 점과 다른 점을 함께 이야기 나누어보기
			*학습지

정리	수업 결과 공유	• 본 활동을 통해 변화된 생각이나 앞으로의 행동에 대한 다짐 발표해 보기	• 학습자 개인의 변화를 표현, 공유함으로써 향후 지속적 관심과 실천을 유도한다.

생각열기 → '모두 다 꽃이야' 국악 동요 함께 듣기

○ 음악을 잘 듣고 기억에 남는 단어나 소절을 함께 이야기해 보기

> 아무 데나 피어도, 생긴 대로 피어도, 이름 없이 피어도, 모두 다 꽃이야.

- 여러분은 어떤 꽃을 좋아하나요? 그 꽃을 좋아하는 이유는 무엇인가요?
- 만약 여러분이 좋아하는 꽃 한 종류만 세상에 남아 있다면 어떻게 될까요?
- 장미는 장미여서, 해바라기는 해바라기여서, 들꽃은 들꽃이어서 모두 다 함께 다양한 모습으로 세상에 꽃피우고 있어서 우리는 아름다움을 느낄 수 있어요.

학습활동 1 → 이웃의 이웃에는 누가 살지?

○ **친구의 친구가 친구, 이웃의 이웃은 이웃**
- 이웃사촌이라는 말을 들어 보았나요?
- 매일 스치듯 얼굴을 보지만, 바로 옆집에 살아도 서로 모르는 경우가 많아요.
- 사람들에게 친구가 것처럼 집도 친구가 있어요. 바로 이웃집이에요. 집들은 이렇게 이웃집으로 둘러싸여 있어요.
- 어떤 집은 식구가 많고 어떤 집은 식구가 적어요.

○ **책 속의 이웃들이 주말에 무엇을 하는지 살펴보기**
- 여러분은 이번 주말에 무엇을 할 계획인가요?
- 어떤 집은 대청소를 하고, 어떤 집은 캠핑을 가고, 주말에 책을 읽는 집도 있지요?
- 다양한 구성원으로 이루어진 이웃들은 저마다 다른 일을 하며 살고, 좋아하는 것과 싫어하는 것도 다르답니다.

○ **우리 집에서의 규칙을 서로 이야기하기**
- 그림책에서 다양한 규칙을 찾아볼까요? 우리 집에서는 안 되는 일이 이웃집에서는 되는 경우가 있어요. 집마다 다른 규칙이 있기 때문이에요. 규칙은 달라도 가족끼리 화목하고 싶은 마음은 하나지요.
- 우리 집 규칙과 비교해 보아요.

※ 우리 집의 규칙을 살펴보고 그림책 속 이웃과 이웃의 규칙을 찾아 다음의 빈 칸에 정리해 봅 시다. 규칙을 적은 다음 우리 집 규칙과 비슷한 규칙에는 ○ 표시, 다른 규칙에는 × 표시를 해 보세요.

〈우리 집의 규칙〉	〈이웃과 이웃의 규칙〉

🔍 **다음 그림을 자세히 살펴봅시다**

‒ 여러 나무의 모양과 색깔이 어떠한가요?

‒ 숲에 한 가지 나무만 살지 않듯이 우리 이웃도 다양한 모습으로 다르게 살아가고 있어요.

‒ 만일 모든 집이 다 똑같은 것을 좋아하고, 똑같은 문화를 갖고 있다면 어떨까요?

‒ 사람들은 익숙하지 않은 것을 '다르다'라고 느껴요.

‒ 하지만 '다른 것들' 때문에 새로운 생각과 경험을 할 수 있답니다.

○ **그림책을 주의 깊게 보면서 다양한 의성어와 의태어 찾아보기**

– 책에 나오는 의성어와 의태어에는 어떤 것이 있을까요?

울갓 울갓
울퉁불퉁한 자갈길도 문제없어.

철썩 철썩
질퍽질퍽한 진흙길도 문제없어.

누구 발일까?

○ **그림책 속 세계 여러 나라의 신발 탐색하기**

– 세계 여러 나라별 신발의 이름과 특징을 살펴보아요.

– 신발을 보고 어떤 환경에 적합한지 이야기해 보아요.

– 신발의 모양이나 특징을 설명하는 글을 보고 어떤 나라의 신발인지 퀴즈 풀이를 해 보아요.

○ **신발로 나라 소개하기**

– 선택한 나라의 신발을 종이에 그려 보아요.

– 신발에 색칠을 하거나 콜라주로 표현해요.

– 신발과 관련된 특징을 함께 적어 보아요.

클로그를 신은 마리의 발이지.

질퍽한 농장을 이리저리 다녀도
클로그를 신으면 두 발이 뽀송뽀송.

(게다: 습도가 높은 일본 기후에 적응함. 카우보이 부츠: 말의 가죽에 피부가 벗겨지는 것을 막아줌.
예매니: 튀르키예 사람들이 하루에 다섯 차례 예배를 드리기에 좋도록 뒤가 트여 신고 벗기 좋음 등)

신발로 나라 소개하기

1. 자신이 소개하고 싶은 나라의 신발을 그리고, 신발에 색칠하거나 콜라주로 표현해 봅시다. 완
   성된 신발의 옆에는 그 신발과 해당 나라의 환경과 문화에 관련된 설명을 함께 적어 봅시다.

〈내가 소개하고 싶은 나라의 신발 그림〉

〈내가 생각하는 이 신발의 특징〉

2. 다음 지도에서 어느 나라의 신발인지 위치를 찾아 내가 그린 신발 그림을 붙여 봅시다.

○ **나라마다 서로 다른 등굣길 알아보기**

- 중국 친구들은 왜 모여서 새벽에 학교에 가나요?

- 그리스 친구는 학교 가는 길에 어떤 것을 보면서 가나요?

- 여러분이 기억에 남는 다른 나라 친구의 학교 가는 길은 어떤 것이었나요? 그 이유는 무엇
  인가요?

○ **나의 학교 가는 길 그리기**

- 그림책에서 본 것과 같이 내가 학교 가는 길을 한번 떠올려 봅시다.

- 그림으로 표현하고 싶은 한 장면을 생각해 봅시다.

- 내가 학교 가는 길을 그려 봅시다.

- 나의 학교 가는 길과 다른 나라 친구들의 학교 가는 길의 같은 점과 다른 점을 찾아 함께 이
  야기를 나누어 봅시다.

활동지 **나의 학교 가는 길 그리기**

※ 내가 학교 가는 길을 생각해 보고, 그림책에서 함께 본 장면처럼 그림으로 그려 봅시다.

〈나의 학교 가는 길〉

학습 주제:

나와 다른 듯 같은 친구들의 이야기

개요

학습 목표	인지적 영역	• 문화다양성을 이해하고, 이를 바탕으로 문화 간의 공통점과 차이점을 파악한다.
	사회·정서적 영역	• 문화적 차이와 다름을 존중하고 다양성을 긍정하는 태도를 함양하도록 한다.
	행동적 영역	• 다른 문화를 이해하고, 다양성을 존중하는 공존의 방법을 실천하도록 한다.
학습유형		주제 중심 통합적 접근, 문제해결학습 활용
장소		교실, 컴퓨터실
활용 자료		그림책 (일곱 나라 일곱 어린이의 하루: 다른 나라 아이들은 무슨 놀이를 할까?: 지구마을 어린이 요리책)

수업에서 주안점

❶ 다문화 사회에서 다양성을 수용해야 하는 이유를 탐구하고 올바른 의사결정과정을 통해 다른 사람과 문화를 존중하고, 긍정적으로 바라보는 관점을 기른다.

❷ 피부색, 머리카락 색, 옷차림 등 외모의 차이에 차별과 편견이 없는 이해와 관용의 태도가 내면화될 수 있도록 한다. 초등 3~4학년군에서는 사회과, 도덕과의 관용 및 포용과 관련된 다양성의 확산과 문제, 타문화 존중, 수용 등을 중요하게 연결 지어 다루도록 한다.

❸ 주제 중심 통합적 접근, 문제해결학습, 다양한 역할 놀이 및 게임 활동을 이용하거나 학교 현장, 학습자의 상황에 적정한 교수–학습 방법을 활용할 수 있다.

일곱 나라 일곱 어린이의 하루

맷 라모스(글·그림), 김경연(역)

2018, 풀빛

주제: 서로 피부색도 다르고, 환경도 다른 여러 나라, 일곱 나라에 살고 있는 일곱 어린이들이 아침에 주로 먹는 음식은 무엇인지, 학교 갈 때 입는 옷과 즐겨하는 놀이가 무엇인지 하루를 따라가 볼 수 있는 그림책입니다.

페루 어린이들은 점심 식사 때 커피를 마신다고? 이탈리아 어린이들은 선생님을 이름으로 부른다고? 인도 어린이들도 수건돌리기 놀이를 즐겨 한다고? 지구에는 다양한 사람들이 살고 있다. 서로 피부색도 다르고, 사는 곳의 환경도 다르고, 생활방식과 문화도 제각각이다. 물론 지리적으로 가깝고 교류가 활발한 나라들은 같은 문화권을 형성하며 비슷한 생활양식을 공유한다. 하지만 아무리 같은 문화권이어도 완전히 똑같은 하루를 보내지는 않는다. 우리나라와 일본이 동아시아 문화권으로 쌀이 주식이지만 아침저녁 상차림이 서로 다르고 서로 다른 말과 글을 쓰는 것을 보면 알 수 있다. 『일곱 나라 일곱 어린이의 하루』는 세계 여러 나라 문화와 생활 방식을 한눈에 보여 주는 그림책이다. 이탈리아에 사는 로메오, 일본의 케이, 페루에 사는 리발도, 우간다의 다피네, 러시아의 올레크, 이란의 키안, 인도의 아나냐까지! 일곱 나라에 실제 살고 있는 일곱 어린이들이 보내준 사진과 자료를 바탕으로 각 나라 어린이들이 아침에 주로 먹는 음식이 무엇인지, 학교 갈 때 입는 옷과 학교에서 배우는 과목과 학교생활은 어떤지, 아이들이 즐겨 하는 놀이가 무엇인지, 저녁 시간은 어떻게 보내는지 등을 알려준다. (출처: 풀빛)

다른 나라 아이들은 무슨 놀이를 할까?

니콜라 베르거(글), 이나 보름스(그림), 윤혜정(역)
2016, 초록개구리

주제: 재료는 돌멩이, 분필, 공처럼 주변에서 쉽게 구할 수 있는 것, 아예 재료가 필요 없는 놀이도 많아요. 읽다 보면 당장 밖으로 뛰어나가 해 보고 싶은 놀이가 가득한 그림책입니다.

우리나라에서는 어린이들이 유아 때부터 일찌감치 스마트폰, 게임기, 컴퓨터에 노출되어 있다. 혼자 놀 때뿐 아니라 친구랑 놀 때에도 이런 기기를 손에 들고 머리를 맞댄 채 몰입한 아이들의 모습은 어렵지 않게 볼 수 있다. 그런데 다른 나라 아이들도 그럴까? 다른 나라 아이들은 무엇을 어떻게 가지고 놀까? 세계 각국의 아이들은 저마다 다른 생활환경에서 살지만 모두 놀이를 하면서 자란다. 아이들은 또래와의 놀이를 통해 웃고 떠들고 싸우고 화해하면서 스스로를 시험하고, 기쁨과 두려움을 표현할 줄 알게 된다. 앞으로 인생을 살아가는 데 꼭 필요한 체험을 하게 되는 것이다. 놀이는 전쟁이나 분쟁 지역을 비롯한 환경이 열악한 지역에서 놀라운 힘을 발휘한다. 열악한 상황에서도 놀이를 통해 기쁨을 얻고 창의성을 개발하는 아이들에게 배울점이 많다. (출처: 초록개구리)

지구마을 어린이 요리책

소냐 플로토–슈탐멘(글), 산드라 크레츠만(그림), 윤혜정(역)
2009, 한겨레아이들

주제: 다른 나라의 어린이들이 좋아하는 요리와 그 요리
에 담긴 문화 이야기가 함께 있어요. 어린이가 직접 만들
어 볼 수 있는 세계 요리 레시피도 들어 있는 친절한 요
리 그림책입니다.

얌전히 앉아 조용하게 먹는 식사 예절을 배운 어린이라면, '후루룩 쩝쩝' 소리를 내며 식사를 하
는 중국인들을 보고 눈살을 찌푸릴 것이다. 하지만 중국에서 '후루룩 쩝쩝' 소리는 맛있게 먹고
있다는 최고의 반응이자, 맛이 입안에서 잘 퍼지게 하는 효과적인 방법이다. 숟가락을 놔두고
손으로 카레를 먹는 인도인들, 하루 세 번 차렸다 치우는 밥상이 식탁보다 편한 일본인들, 돼지
고기가 식탁에 오르는 것을 모욕으로 여기는 무슬림들을 이해하려면 먼저 그들의 관습과 문화,
종교를 알아야 한다.

음식이야말로 다른 문화를 이해하고 편견을 없앨 수 있는 재미난 소통거리가 아닐까? 음식은
사람들을 하나로 묶어 주고 마음을 나누게 하는 힘을 가지고 있다. 이 책이 어린이들에게 맛보
게 하려는 것은 바로 밥그릇 너머에 있는 소통의 재미이다. 세계 아이들의 목소리를 직접 듣고
자 한 작가의 노력 덕분에, 이 책은 오늘날 우리가 사는 세계 이곳저곳의 생생한 이야기를 어린
이 눈높이에서 전하고 있다. (출처: 한겨레아이들)

단계	학습 내용	교수·학습 활동	자료(*) 및 유의점(·)
도입	생각 열기	**'세계 여러 나라' 동요 영상 보기** • 세계 여러 나라가 나오는 노래 영상 보기 • 세계 여러 나라와 관련된 경험 이야기하기 • 그곳에 내 또래의 친구들은 어떻게 살고 있을지 상상해 보기	* 세계 여러 나라 노래영상
	학습 주제	• 나와 다른 듯 같은 친구들의 이야기	
전개	개념 정립	**[학습활동 1] 일곱 나라 일곱 어린이의 하루** • 이 동화책에서 어떤 나라의 친구들을 만날 수 있는지 살펴보기 • 책 속 친구들의 하루는 어떤지 나와 비교해 보기 • 다른 나라 친구를 만난다면 하고 싶은 말 생각해서 적어 보기	
	사례 탐색	**[학습활동 2] 다른 나라 아이들은 무슨 놀이를 할까?** • 여러분은 요즘 어떤 놀이를 많이 하나요? • 다른 나라 아이들이 하는 놀이 살펴보기 • 다른 나라 아이들이 놀이 여행을 온다면 함께 하고 싶은 놀이를 상상하여 표현해 보기	• 다른 나라의 놀이를 탐색한 후, 실제로 해 보고 싶은 놀이들을 적용해 볼 수 있는 시간을 제공한다.
	심화 실천	**[학습활동 3] 지구마을 어린이 요리 탐험** • 다른 나라의 음식과 식사예절 알아보기 • 요리 레시피를 보고 재료와 예상되는 환경 생각해 보기 • 앞에서 살펴본 여러 나라의 하루와 놀이를 떠올리며 각 나라의 음식문화 배우기 • 소감 한줄 쓰기	* 고무찰흙 • 만들기 활동으로 관찰력과 집중력에 도움을 주지만 수업의 논점을 유지하도록 한다.
정리	수업 결과 공유	• 학습 중 발견한 자신만의 지식, 가치, 행동 변화를 표현하는 한줄 쓰기 게시 – 붙임쪽지 사용	• 학습자 개인의 변화를 표현, 공유함으로써 향후 지속적 관심과 실천을 유도한다.

💡 생각열기 → '세계 여러 나라' 동요 함께 듣기

🔍 음악을 잘 듣고 세계 여러 나라와 관련된 경험 이야기해 보기

– 영상에서 본 나라 중 여러분은 어떤 나라가 기억에 남나요? 그 이유는 무엇인가요?

– 여러분은 직접 가 본 적이 있거나 책이나 인터넷에서 관심 있게 본 나라가 있나요?

– 그곳에서 내 또래의 친구들은 어떻게 살고 있을지 상상해 보세요.

학습활동 1 → 일곱 나라 일곱 어린이의 하루 살펴보기

🔍 서로 달라 재미있는 일곱 어린이들의 하루 일상 속으로

– 지구에는 수많은 다양한 사람들이 살아가고 있어요. 피부색도 다르고, 사는 곳의 환경도 다르고, 생활방식이나 문화도 다르답니다.

– 일곱 나라는 각각 어디인가요?

– 다양한 여러 나라에 살고 있는 여러분 또래 친구들의 하루는 어떨까요?

– 세계지도에서 친구들이 살고 있는 나라를 찾아보세요.

🔍 책 속 친구들의 하루와 나의 하루를 비교해 보기

– 각 나라에서 살고 있는 일곱 어린이들이 실제로 보내 준 사진과 자료를 함께 살펴보아요.

– 아침에 주로 먹는 음식은 무엇인가요?

– 학교 갈 때에는 어떤 옷을 입고 가며 학교에서 어떤 과목을 배우고 어떻게 생활하나요?

– 저녁 시간은 어떻게 보내나요?

활동지	다른 나라 친구를 만난다면

※ 일곱 나라 일곱 어린이의 하루에 나오는 친구 중에서 한 명을 만날 수 있다면 여러분은 어떤
  나라의 어떤 친구를 만나고 싶은가요? 내가 만나고 싶은 나라의 친구를 그려보고, 친구를 만
  나면 하고 싶은 말을 적어 보세요.

〈내가 만나고 싶은 나라의 친구 모습〉	〈친구에게 하고 싶은 말〉

학습활동 2 ➜ 다른 나라 아이들은 무슨 놀이를 할까?

○ **내가 좋아하는 놀이를 소개해 보기**

  – 혼자 놀 때나 친구랑 놀 때도 스마트폰 게임을 많이 하지요?

  – 스마트폰 게임이 가장 재미있는 놀이일까요?

  – 우리나라의 놀이를 알고 있나요?

  – 여러분이 가장 좋아하는 놀이는 무엇이고 방법은 무엇인가요?

○ **다른 나라 아이들이 하는 놀이 살펴보기**

  – 다른 나라 아이들은 어떤 놀이를 하고 있나요?

  – 이 중에서 여러분이 직접 해 보고 싶은 놀이가 있나요?

  – 그 이유는 무엇인가요?

– 다른 나라 친구들이 놀이 여행을 온다면 어떤 놀이를 함께 하고 싶은지 여러분의 놀이를 그림과 설명으로 표현해 봅시다. 기존에 있던 놀이, 책 속의 놀이, 여러분의 상상으로 변형된 놀이 그 어떤 것도 좋습니다.

• 놀이하는 나라: 모로코
• 놀이 이름: 암탉과 애벌레
• 필요한 사람 수: 5명 이상
• 준비물: 아무것도 필요 없어
• 방법: 한 사람이 암탉 역할을 하고 다른 아이들은 한 줄로 서서 어깨를 잡고 애벌레가 되는 거야. 암탉이 배가 고파 애벌레를 잡아먹으려고 해. 그러니까 마지막 아이를 잡아서 애벌레의 몸에서 떼어내려 해.

활동지 다른 나라 아이들과 놀이를 한다면?

※ 다른 나라 친구가 우리나라에 놀이 여행을 온다면 여러분은 어떤 놀이를 함께 하고 싶은가요? 그 친구를 우리 반으로 초대해서 함께할 놀이를 생각해 보세요. 함께한 하루를 상상하여 그림과 글로 표현해 보아요.

〈다른 나라 아이들과 함께하고 싶은 놀이 그림〉

스토리로 배우는 세계시민교육

<〈놀이 설명 및 놀이 안내〉

- 놀이 이름:

- 필요한 사람 수:

- 준비물:

- 방법:

학습활동 3 → 지구마을 어린이 요리 탐험

○ 알고 있는 나라의 음식 이야기해 보기

- 무엇을 먹는지를 보면 어떤 사람인지 알 수 있다는 말이 있을 만큼 음식은 다른 사람을 이해하는 좋은 주제입니다.

- 여러분이 기억하는 다른 나라의 음식이 있나요? 이탈리아의 파스타나 일본의 초밥처럼요.

- 직접 먹어 본 음식을 말해 볼까요?

○ 여러 나라 어린이들이 보내 준 사진과 편지 속의 음식과 식습관 탐색하기

- 어떤 나라의 어린이가 보내 준 음식이 인상적이었나요?

- 각 나라의 특색 있는 음식이 무엇일까요? 그 음식은 어떤 재료로 만들었나요?

- 다른 나라 어린이들이 그 음식을 어떻게 먹는지 각 나라의 식사 문화를 생각해 보아요.

- 음식의 이름: 아얌고랭
- 어떤 나라 음식: 인도네시아
- 이런 재료가 필요해: 닭다리 또는 닭고기 조각, 마늘 3쪽, 강황 가루 1/4작은술, 코리앤더 가루 1/4작은술, 생강 간 것 1/2작은술, 샬롯 또는 양파 5개, 소금 1/2 작은술
- 만드는 방법:
  1. 다진 마늘에 강황 가루, 코리앤더 가루, 생강을 잘 섞은 뒤 약간의 물을 넣어 소스를 만든다.
  2. 닭고기에 소스를 고루 바른다.
  3. 기름을 두른 프라이팬에 닭고기와 네 등분한 샬롯을 노릇노릇해질 때까지 굽는다.
  4. 접시에 완성된 고기를 올린다.

※ 다른 나라의 음식 문화와 식습관을 살펴보았어요. 여러분은 어떤 나라의 음식이 기억에 남았 나요? 여러분이 소개하고 싶은 다른 나라의 음식과 그 나라의 식습관 혹은 식사 예절이 있다 면 적어 보세요.

〈소개하고 싶은 다른 나라의 음식〉

- 음식의 이름:

- 어떤 나라 음식:

- 이런 재료가 필요해:

- 만드는 방법:

〈그 나라의 식습관〉	〈이 음식 관련 퀴즈〉

고무찰흙으로 세계 여러 나라 음식 만들기

- 자신이 먹어보고 싶은 다른 나라의 음식을 고무찰흙으로 만들어 보세요.

- 만든 작품을 모둠 친구들과 함께 전시해 보세요.

- 자신이 만든 음식의 이름과 관련된 나라, 식습관 등 발표해 보세요.

여러 나라 음식이 만들어지게 된 배경 살펴보기

- 모둠별로 만든 음식의 역사 살펴보세요.

- 언제, 어디서, 어떤 배경에서 만들어졌는지 찾아보세요.

- 어떤 재료를 사용했는지 살펴보세요.

- 문화가 다른 나라의 음식과 식습관을 어떻게 대해야 할까요?

- 있는 그대로 인정하고, 우리와 다른 문화라도 이해하고 존중해 주어요.

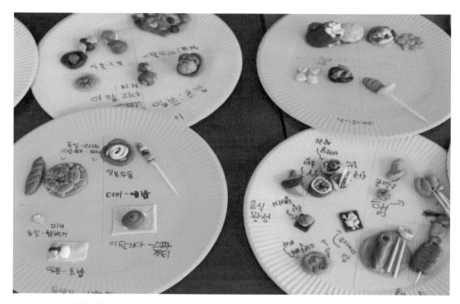

〈음식 만들기-아이들 작품(조은샘) http://m.blog.daum.net/sjh-pjs920/15484138〉

※ 여러분이 만든 음식을 모둠별로 지도에 표시하고 언제, 어디서, 어떤 재료를 사용했는지 소
　개 글을 써 보세요.

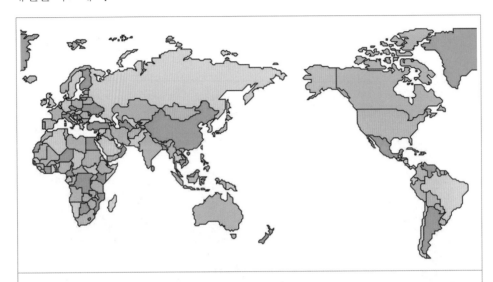

〈내가 만든 음식을 소개합니다〉

학습 주제:

다른 문화의 경험과 존중

<table>
<tr><td>개요</td><td></td><td></td></tr>
</table>

학습 목표	인지적 영역	• 다양한 문화 사이에 공통점과 차이점이 존재함을 파악하고, 문화다양성을 이해한다.
	사회·정서적 영역	• 문화의 차이에 따른 다양성을 인정하고 존중한다.
	행동적 영역	• 다양한 문화를 경험하고 탐구하는 데 있어 열린 자세를 지닌다.
학습유형		주제 중심 통합적 접근, 문제해결학습 활용
장소		교실
활용 자료		그림책 (샌드위치 바꿔 먹기: 세계를 한눈에 와실덕실 나라 축제)

수업에서 주안점

❶ 여러 자연·인문환경의 배경에 따라 다양한 문화가 존재함을 파악하도록 하고, 나아가 문화 다양성을 긍정적으로 바라볼 수 있도록 지도한다.

❷ 다양한 문화의 공통점과 차이점을 구분하고, 차이를 인정하며 존중하고 받아들일 수 있도록 지도한다. 또 다른 문화를 탐구하는 데 열린 자세를 지닐 수 있도록 한다.

❸ 주제 중심 통합적 접근, 문제해결학습, 다양한 역할 놀이 및 게임 활동을 이용하거나 학교 현장, 학습자의 상황에 맞게 적정한 교수-학습 방법을 활용할 수 있다.

샌드위치 바꿔 먹기

라니아 알 압둘라, 켈리 디푸치오(글), 트리샤 투사(그림), 신형건(역),
2011, 보물창고

주제: 절친한 친구 사이인 셀마와 릴리의 서로 다른 음식
문화를 통하여 서로 다름을 인정하고 존중하는 모습을 살
펴볼 수 있는 그림책입니다.

셀마와 릴리는 그림 그리기, 그네 타기, 줄넘기하기 등 모든 것을 함께하는 절친한 친구다. 둘
은 점심을 함께 먹는데 셀마는 후무스 샌드위치를, 릴리는 땅콩버터 잼 샌드위치를 먹는다. 둘
은 서로의 샌드위치를 보며 괴상하고 역겹게 생겼다고 생각한다. 결국 릴리가 머릿속에 맴도는
생각을 꺼내놓으면서 둘 사이는 걷잡을 수 없이 멀어진다. 다음 날, 학교에 땅콩버터 대 후무스
의 싸움 이야기가 퍼져 나가자 학생들은 편을 가르고 음식 싸움을 시작한다. 식당은 엉망진창이
되고, 셀마와 릴리는 교장실로 불려 간다. 둘은 부끄럽고 창피한 마음에 고개를 들지 못한다. 그
다음날, 릴리는 셀마에게 샌드위치를 바꿔 먹자고 제안한다. 서로의 샌드위치를 맛본 두 사람은
"우아, 정말 맛있다!" 라고 외친다. 셀마와 릴리는 교장 선생님을 찾아가서 여러 나라의 음식을
나눠 먹자는 특별한 전교 행사를 제안한다. (출처: 보물창고)

세계를 한눈에
왁실덕실 나라 축제

마츠모토 리에코(글), 다케나가 에리(그림), 김소연(역)
2020, 천개의바람

주제: 각 나라의 문화가 담겨 있는 다양한 축제를 살펴보고, 축제를 통하여 사람들이 차이를 이해하고 갈등을 해소하며 서로를 존중하는 모습을 보여 주는 그림책입니다.

지구상에 있는 237개 나라에서 펼쳐지는 모든 축제는 함께한다는 것에 그 의미가 있다. 함께 준비하고 함께 즐기는 문화인 것이다. 사람들은 이 과정을 통해 성별, 연령, 종교, 이념 등의 차이를 이해하고 갈등을 해소해 나간다. 다양한 축제를 통해 사람들은 예술적인 교감을 나누기도 하고, 서로의 안녕을 기원하기도 한다. 사람들은 축제를 준비하며 웃고, 울고, 떠들고, 즐기면서 서로에 대한 신뢰도 키우고, 함께 살아가는 것에 대한 가치도 배운다. 다양한 주제의 축제에는 사랑, 신뢰, 자유, 자긍심, 배려, 용서, 화해, 존중 등의 가치가 담겨 있기 때문이다. 아이들은 이 책에 소개된 축제를 통해 각 축제의 의미와 특징, 나아가 축제가 가진 소중한 가치를 깨닫게 될 것이다. (출처: 천개의바람)

단계	학습 내용	교수·학습 활동	자료(*) 및 유의점(·)
도입	생각 열기	**축제 사례 영상과 영화의 한 장면 보기**	*축제 관련 영상, 〈코코〉 홍보 영상 ·동화책은 아침 독서 시간 등 을 활용하여 미리 읽을 수 있 도록 한다.
	학습 주제	·나와 다른 문화를 경험하고 존중하는 자세 기르기	
전개	개념 정립	**[학습활동 1] 샌드위치 바꿔 먹기** ·동화책 『샌드위치 바꿔 먹기』 줄거리 정리하기 ·'샌드위치를 바꿔 먹는 행동'이 의미하는 바 생각해 보기 ·서로 다른 문화를 경험하는 것의 중요성에 관해 이야기 나누기	*활동지
	사례 탐색	**[학습활동 2] 세계를 한눈에 왁실덕실 나라 축제** ·우리나라의 지역 축제와 비슷한 세계 축제 탐색하기 ·자신이 다녀온 축제(국내, 국외) 경험 공유하기 ·축제가 생겨난 역사나 목적에 따라 분류하기 ·멕시코 '죽은 자의 날'에 관해 간접적으로 경험해 보고, 심화 탐색 하기 ·가장 인상 깊은 축제에 관해 조사 및 정리하기	*활동지
	심화 실천	**[학습활동 3] 축제 소개 팸플릿 만들기** ·가장 인상 깊은 축제의 문화적 배경을 전달하는 것을 목적으 로 축제 소개 팸플릿 만들기	*활동지 ·팸플릿을 만드는 목적을 학 생들에게 전달하고 이를 유 의해 만들도록 안내한다.
정리	수업 결과 공유	·각자가 만든 팸플릿을 발표하고 느낀 점 공유하기 ·문화다양성에 있어 '존중'의 필요성을 이해하고 다른 문화를 존중하는 방법에 대해 발표하기 ·학급 전체의 축제 소개 팸플릿을 모아 전시하기	

🔆 생각열기 → 멕시코의 축제 영상과 영화 〈코코〉의 한 장면 보기

🔍 동영상을 시청하고, 질문에 답하기

> • 죽은 자의 날에 관한 동영상 (2분 40초까지)
>
> https://www.youtube.com/watch?v=o-NA6GzrcBA

• 죽은 자의 날은 □□□□ □□□□으로 등재된 멕시코 최대의 명절입니다.

• 죽은 자의 날에 먼저 세상을 떠난 사람들의 □□이 □□과 □□들을 찾아 온다고 생각해
집에 화려한 재단을 마련하고, 묘지를 꽃으로 아름답게 장식합니다.

• □□을 즐겁게 기념하는 전통입니다.

> • 영화 〈코코〉 (1분 30초~3분 40초)
>
> https://www.youtube.com/watch?v=JRyc3cpzhJg

• 죽은 자의 날 재단에 올리는 다양한 물건들을 □□□□라고 합니다.
□□는 기억하는 선조들의 수를, □□은 기억하고자 하는 선조를 나타냅니다.

• 이 외에도 음식이나 유품등을 쌓아 많이 기억하고 사랑할수록 □□□□이(가) 커집니다.
죽음을 두려워하지 않고 반갑게 맞이하고자 □□분장을 합니다.

학습활동 1 → 샌드위치 바꿔 먹기

🔍 셀마와 릴리에게 일어난 일 살펴보기

– 셀마와 릴리가 서로의 샌드위치에 대해 나타낸 부정적인 반응에 대해 어떻게
생각하나요? 또 여러분이 셀마 혹은 릴리였다면 어떻게 반응했을까요?

– 다른 나라의 문화(음식, 생활방식 등)에 대해 부정적으로 생각한 적이 있나요?
또 그런 부정적이었던 생각이 긍정적으로 바뀐 경험이 있다면 함께 발표해 봅시다.

※ 셀마와 릴리가 서로의 샌드위치에 대해 어떻게 생각했는지 빈 칸을 채워 봅시다.

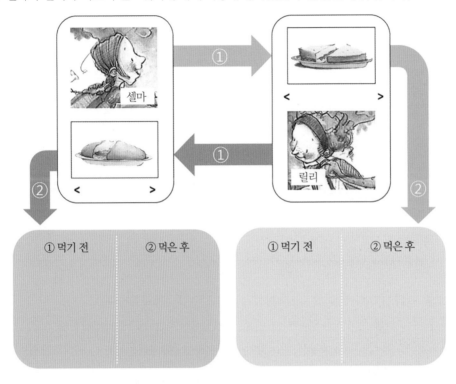

① 먹기 전 ② 먹은 후	① 먹기 전 ② 먹은 후

※ 셀마와 릴리가 '샌드위치를 바꿔 먹은 행동'과 셀마와 릴리가 제안한 '특별한 전교 행사'와 '축제'의 의미를 생각해 보고, 공통점을 정리해 봅시다.

		〈공통점〉
샌드위치를 바꿔 먹은 행동	서로 다른 ☐☐를 경험하며 이해하게 되고 존중하게 되는 것을 의미한다.	
특별한 전교 행사	학생들이 속한 ☐☐의 음식을 가져와 서로 바꿔 먹는 행사였을 것 같다.	
축제	축제는 지역 또는 나라의 ☐☐를 담아내고 있으며, 축제를 통해 다양한 ☐☐를 경험할 수 있다.	

○ **우리나라의 지역 축제와 비슷한 세계 축제 알아보기**

– 우리나라의 지역 축제에 참여해 본 경험에 대해서 이야기해 봅시다.

– 세계의 축제 중 우리의 지역 축제와 비슷한 것이 있나요?

– 각 축제마다 생겨난 배경과 역사를 이야기해 봅시다.

○ **축제를 유형에 따라 분류해 보기**

– 축제에는 어떤 유형이 있는지 이야기해 봅시다.

　예: 종교 축제, 경기를 하는 축제, 조상이나 죽은 이를 기리는 축제, 풍작을 축하 또는 기원

　　　하는 축제, 기념일을 축하하는 축제, 봄의 시작을 축하하는 축제 등

– 축제의 이름과 설명을 듣고 어떤 유형의 축제인지 분류해 봅시다.

– 가장 인상 깊었던 축제는 어떤 축제인가요? 그 이유는 무엇인가요?

https://www.youtube.com/watch?v=gezTsLCvgUs&list=PLgZmjaDq9UKEwepQP4HsBIP1Fx8BXON−d&index=5)

1. 우리나라 지역 축제와 세계 축제를 연결해 봅시다.

〈우리나라 지역 축제〉 　　　　　　　　　　　　　〈세계 축제〉

진주 유등 축제

6p

필리핀 마스카라 축제

무안 연꽃 축제

22p

불가리아 카잔루크장미 축제

여수 거북선 축제

7p

태국 로이끄라통

안동 국제 탈춤 페스티벌

28p

프랑스 잔다르크 축제

2. 보기의 세계 축제를 분류하여 아래의 표에 적어 봅시다.

종교 축제	경기를 하는 축제	조상 혹은 죽은 이들을 기리는 축제
풍작을 축하하는 축제	기념일을 축하하는 축제	봄의 시작을 축하하는 축제

● 보기 ●
- 몽골의 '나담 축제' – 4p
- 독일의 '옥토버페스트' – 29p
- 러시아의 '마슬레니차' – 25p
- 인도의 '쿰브 멜라' – 10p
- 과테말라의 '만성절 연날리기 대회' – 50p
- 네덜란드의 '왕의 날(여왕의 날)' – 24p

3. 멕시코의 '죽은 자들의 날'(47p)에 관해 책을 참고하여 다음 빈 칸을 채워 봅시다.

- 지역 : 멕시코 전체
- 시기 : 10월 31일~11월 2일
  11/1 – (　　　)의 영혼이 돌아오는 날
  11/2 – (　　　)의 영혼이 돌아오는 날
- 멕시코의 오래된 종교와 (　　　)가 섞여 생겨난 축제입니다. 무덤을 깨끗하게 손질하고 꽃이나 초로 장식한 후, 죽은 사람이 좋아했던 음식이나 술을 바치지요. 노래를 하거나 춤을 추며 영혼을 맞이합니다. 축제 시기가 되면 거리에서는 설탕으로 만든 (　　　) 모양의 과자, 나무와 밀랍 등으로 만든 (　　　) 장난감 등을 팝니다.
- 무덤을 (　　　) 장식하고 죽은 사람을 (　　　) 맞이합니다.
- 해골에는 '(　　　)'과 '(　　　)'이라는 두 가지 뜻이 있습니다.
- 죽은 사람의 영혼이 길을 잃지 않도록 색이 밝고 향기가 강한 '(　　　)(금송화)' 꽃으로 무덤을 장식합니다.

○ 다른 나라의 죽음을 대하는 방식과 우리나라의 공통점과 차이점

– 멕시코의 '죽은 자들의 날'에서 '죽음'을 대하는 방식에 대해 어떻게 생각하나요?

– 책에 소개된 축제 중, 내가 참여하고 싶은 축제는 무엇인가요? 책 『세계를 한눈에, 왁실덕
실 세계 축제』와 함께 추가로 자료를 조사하여 아래 표를 채워 봅시다.

축제 이름:		▶ 축제가 열리는 지역 또는 나라를 표시해 봅시다.
축제 기간:		
나라:		
지역:		

1. 축제 소개 및 축제 특징(음식, 의복, 춤, 음악 등)

2. 축제가 생겨난 배경 (축제가 생겨난 목적, 역사)

3. 내가 이 축제에 참여하고 싶은 이유	4. 축제에 대해 조사한 후 다른 문화에 관해 긍정적으로 생각하게 된 점

스토리로 배우는 세계시민교육

▶ 책 활용하기

> – 유경숙 글, 송진욱 그림, 2016, 『놀면서 배우는 세계 축제 1』, 봄볕.
> – 유경숙 글, 송진욱 그림, 2016, 『놀면서 배우는 세계 축제 2』, 봄볕.
> – 김승렬 글, 김정진 그림, 2015, 『Why? 세계의 축제』, 예림당.
> – 다빈치 축제 편집팀 글, 2016, 『세계 축제 100』, 다빈치.

① 학교 도서관 혹은 지역 도서관에 가서 위의 도서가 있는지 확인합니다.

② 도서가 있다면 목차를 펴 자신이 조사하고자 하는 축제가 있는지 확인합니다.

③ 목차에 찾고자 하는 축제가 있다면, 해당 페이지로 가서 내용을 확인합니다.

④ 찾고자 한 내용이 있다면 도서를 빌리거나 필요한 내용을 따로 기록합니다.

▶ 인터넷 검색 활용하기

1) 다른 사람들의 축제 경험 조사하기

> 블로그에서는 많은 사람들이 자신이 축제를 다녀온 경험을 일기 형식으로 기록한 내용을 확인할 수 있습니다. 블로그를 활용해 자신이 찾고자 하는 축제에 대한 다른 사람들의 경험을 조사하고, 축제에 대해 간접적으로 경험해 봅시다.

① 검색창에 자신이 조사하고자 하는 축제를 입력합니다.

② 검색창 아래의 'VIEW' 버튼을 클릭합니다.

③ 블로그 글의 제목을 확인하며 적절한 게시물을 찾아 다른 사람들의 축제 경험을 읽어봅시다.

2) 축제 동영상 검색하기

① '유튜브(https://www.youtube.com/)'에 들어갑니다.

② 검색창에 자신이 조사하고자 하는 축제를 입력합니다.

③ 검색 결과 나온 동영상의 제목을 확인하며 적절한 동영상을 찾아 축제에 대한 사진, 동영상 자료를 활용해 축제를 간접적으로 경험하고 조사해 봅시다.

3) 지식백과 활용하기

① '지식백과(https://terms.naver.com/)'에 들어갑니다.

② 검색창에 자신이 조사하고자 하는 축제를 입력하여 조사해 봅시다.

4) 축제 포스터 검색하기

① '구글(https://www.google.co.kr/)'에 들어갑니다.

② 검색창에 자신이 조사하고자 하는 축제 포스터 (ex. 러이끄라통 축제 포스터)를 검색한 후, 검색창 아래의 '이미지' 버튼을 눌러 포스터를 확인합니다.

학습활동 3 → 축제 소개 팸플릿 만들기

○ 앞에서 조사한 내용을 바탕으로 가장 인상 깊었던 축제를 소개하는 축제 팸플릿 만들기

▶ 3단 병풍 접지 팸플릿 만들기

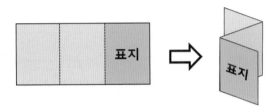

1. 종이를 3등분으로 접어 위의 그림과 같은 병풍 모양으로 만듭니다.

2. 소개하는 축제의 분위기를 담아내며 표지를 꾸밉니다.

3. 팸플릿의 내용을 채웁니다.

  – 팸플릿에 다음 ①, ②, ③, ④, ⑤의 내용을 담도록 한다.

    ① 축제 이름, 나라 이름, 지역 이름, 축제 기간

    ② 축제 소개

    ③ 축제에 관한 세부 소개(음식, 의복, 춤, 음악 등)

    ④ 축제가 생겨난 역사나 목적

    ⑤ 내가 이 축제에 참여하고 싶은 이유

    ⑥ 축제에 대해 조사한 후 다른 문화에 관해 긍정적으로 생각하게 된 점

– 자신이 만든 팸플릿에 대해 발표해 봅시다.

– 이번 수업을 통해 다른 나라의 문화에 대해 생각이 바뀐 점이나 느낀 점이 있다면 발표해 봅시다.

– 우리와는 다른, 혹은 비슷한 다양한 문화들이 각 축제에 들어 있다는 것을 이번 활동을 통해 알 수 있습니다. 이런 다양한 문화가 함께 어우러져 살아가기 위해서는 '존중'하는 자세가 필요합니다. 여러분이 생각하는 '다른 문화를 존중하는 방법'에 대해 발표해 봅시다.

학습 주제:

다르지만 같은 우리의 음식 이야기

개요

학습 목표	인지적 영역	• 여러 나라 음식 문화의 공통점과 차이점을 통해 특정 음식 문화가 발생하는 이유를 파악한다.
	사회·정서적 영역	• 문화적 차이를 존중하고 여러 나라의 다양한 음식 문화에 대한 긍정적인 태도를 함양한다.
	행동적 영역	• 자신과 다른 문화를 존중하고 배려하는 방법을 실천한다.
학습유형		주제 중심의 통합적 접근, 문제해결학습 활용
장소		교실
활용 자료		그림책(밥·빵·국수)

수업에서 주안점

❶ 다양한 문화의 공통점과 차이점을 확인하여 문화가 인간이 삶에 적응한 자연스러운 결과임을 이해하도록 하며, 타당한 의사 선택 과정을 통해 다른 사람과 문화를 존중하는 태도를 지니도록 한다.

❷ 현대 사회에서 문화다양성을 존중해야 하는 이유와 문화다양성이 우리의 삶에 미친 긍정적인 영향을 탐구하며, 문화다양성을 긍정적으로 바라보는 관점을 기르고 이를 내면화하도록 한다.

❸ 다른 문화를 탐구하는 데 열린 자세를 지니도록 하며, 서로 다른 문화가 공존하며 발전하는 방법이 인지 영역을 넘어 실천 영역까지 이어지도록 한다.

❹ 다양한 아시아 국가, 특히 한국, 중국, 일본을 중심으로 활동이 전개되도록 하였으나, 학교 현장이나 학습자의 특성 등에 따라 맞게 활동을 조정할 수 있다.

밥·빵·국수
– 아시아의 식탁

이은미(글), 박태희(그림)
2020, 키다리

주제: 생김새와 이름은 다르지만 서로 닮은 아시아 각국 음식들에 관한 이야기를 통하여 문화다양성을 알아보도록 안내하는 그림책입니다.

차오판, 비리야니, 필래프…. 이름만 들으면 전혀 다른 음식인 것 같지만, 한국의 김치볶음밥처럼 이들은 모두 볶음이다. 국수도 마찬가지이다. 라그만과 우동은 국물 국수라는 공통점을, 팟타이와 미고렝은 볶음 국수라는 공통점을 갖고 있다. 베트남의 반미 샌드위치와 튀르키예의 되네르 케밥은 재료나 만드는 방법은 다르지만 '여러 가지 재료와 함께 먹는 빵'이라는 점에서 서로 닮아 있다.

한편 재료나 만드는 방법이 빵과 구별되지 않는 만두들도 있는데, 몽골의 보쯔, 중국의 바오쯔, 베트남의 반 바오는 찐만두와 비슷한 음식으로 손꼽힌다.

아시아 각국의 만두들을 나란히 놓고 보면 서로 다른 줄만 알았던 아시아 각국 음식들이 '알고 보면 서로 닮았다'는 사실을 자연스럽게 알 수 있다. (출처: 키다리)

교수-학습 과정안

단계	학습 내용	교수·학습 활동	자료(*) 및 유의점(·)
도입	생각 열기	• 예습 과제 확인하기 　– 동화책 『밥·빵·국수』 읽고 핵심내용 파악하기 • 동기 유발하기 　– 음식 그림 카드 보고 동화책의 내용 상기하기 　– 각 나라 음식의 비슷한 점과 다른 점 생각해 보기	* 동화책 『밥·빵·국수』, 그림 카드
	학습 주제	– 같은 종류의 음식이 나라마다 맛과 생김새가 다른 이유를 찾아 보고, 문화다양성을 고려해 음식을 구성해 보기	
전개	개념 정립 및 사례 탐색	**[학습활동 1] 상황에 맞는 음식 문화 고르기** 　– 각 나라의 음식 문화에 영향을 미치는 자연·인문환경 요소가 무 엇이 있는지 예상하기(기후 및 자연환경, 인문환경, 문화적 차이 등) 　– 활동지에서 선택한 조건 중 내가 활용하고 싶은 식기 도구나 식 재료, 조리법 등을 선택하기 　– 선택한 이유와 함께 발표하기 　– 문화적 차이가 나타나는 이유에 대해 생각하고 이야기 나누기	* 활동지 · 문화가 자연스럽게 환경 에 적응한 결과임을 학 생들이 이해할 수 있도 록 발문한다.
		[학습활동 2] 퓨전 국수 만들기 　– 라면과 관련된 한국, 중국, 일본의 문화 교류 이야기 들려주기 　– 라면이라는 음식 문화가 교류되지 않았으면 어땠을지 예상하기 　– 여러 나라의 재료를 이용해 퓨전 국수 만드는 활동하기 　– 문화다양성이 우리의 삶에 긍정적임을 설명하기	* 활동지 · 단순히 활동 진행에서 끝 나는 것이 아닌, 문화다 양성에 대해 긍정적으로 인식할 수 있도록 한다.
	심화 실천	**[학습활동 3] 나만의 코스 요리 구성하기** 　– 각자 다른 문화적 요소를 가진 다른 나라 친구 소개하기 　– 모둠별로 토의 후 다른 음식 문화를 가진 친구들에게 맞는 세계 의 여러 음식 찾아보고, 코스 요리로 구성하기 　– 모둠별로 만든 코스 요리에 대해 발표하기 　– 코스 요리에 대하여 모둠별 피드백하기	* 활동지 · 인문환경 및 자연환경, 나라별 문화적 고유한 특색 등을 고려하여 메 뉴를 구성할 수 있도록 한다.
정리	수업 결과 공유	• '같은 밥·빵·국수'인데 나라마다 맛과 생김새가 다른 것이 의미 하는 바에 대해 다시 질문하기 • 학습 중 발견한 자신만의 지식, 가치, 행동 변화를 표현하기 　(예: 허니컴 보드에 '한 줄 쓰기' 게시하기 등)	* 스티커 · 학습자 개인의 변화를 표현, 공유함으로써 향 후 지속적 관심과 실천 을 유도하도록 한다.

생각열기 → 아시아의 나라와 음식 문화 알아보기

○ 예습 과제 확인하기

– 과제인 동화책 『밥·빵·국수』를 읽은 학생들에게 내용과 관련한 질문을 하여 과제를 잘 수행했는지 확인합니다.

• 기온이 높고 습한 지역에서 많이 생산되는 아시아의 대표적인 주식은 무엇인지 말해 봅시다.

• 한국, 중국, 일본의 젓가락이 각각 어떻게 다른지 말해 봅시다.

• 내가 좋아하는 국수에는 어떤 국수가 있는지 말해 봅시다.

○ 동기 유발하기

– 학생들에게 음식 그림 카드(첨부 자료 1)를 제시하여 그림책의 내용을 상기하도록 합니다. 그리고 각 나라 음식의 비슷한 점과 다른 점을 생각하도록 합니다.

• 그림 카드를 보고 그림책의 줄거리를 떠올려 봅시다.

• 그림책에서 아시아 나라들의 음식을 봤는데, 어떤 비슷한 점이 있는지 말해 봅시다.

• 같은 밥·빵·국수인데 나라마다 어떤 차이가 있는지 말해 봅시다.

○ 학습 주제 확인하기

– 같은 종류의 음식이 나라마다 맛과 생김새가 다른 이유를 찾아보고, 문화다양성을 고려해 음식을 구성해 봅시다.

○ 활동 안내하기

– 〈활동 1〉 상황에 맞는 음식 문화 고르기

– 〈활동 2〉 퓨전 국수 만들기

– 〈활동 3〉 나만의 코스 요리 구성하기

학습활동 1 → 상황에 맞는 음식 문화 고르기

○ '랜덤 박스' 활동하기

- 각 나라의 음식 문화에 영향을 미치는 자연·인문 환경 요소가 무엇이 있는지 예상해 봅니다. 그리고 활동지의 랜덤 박스에서 선택한 조건 중 자신이 활용하고 싶은 식기 도구나 식재료, 조리법 등을 모둠원과 상의하여 선택한 후, 활동지의 빈 칸을 채워 봅니다.

• 먼저 각 나라의 음식 문화가 다른데, 이러한 차이를 만드는 것이 무엇인지 생각해 봅시다.

• 모둠별로 한 명씩 나와 상황 카드를 뽑고, 모둠원과 자신이 활용하고 싶은 것이 무엇인지 상의해 봅시다. 그리고 주어진 보기 중 하나를 선택하고, 그 내용을 활동지에 적어 봅시다.

	상황 카드	선택하기
식기 도구 ( )	A) 우리 가족은 대가족이라서 식사할 때 큰 원형 테이블에 둘러앉아서 밥을 먹어! 그리고 기름진 음식을 주로 먹어! B) 나는 바다가 바로 앞에 있는 섬에서 살아서 생선을 주로 먹고, 습기가 많아서 쇠는 쉽게 녹슬어! 그리고 우리는 그릇을 들고 혼자 밥을 먹어! C) 우리는 국물 음식을 많이 먹어서, 젓가락에 국물이 스며들면 안 돼! 그리고 깻잎이나 김치 같은 얇은 반찬을 많이 먹어!	☐ 짧고 끝이 뾰족하며, 나무로 만들어진 젓가락 ☐ 매우 긴 젓가락 ☐ 쇠로 만들어지고 끝이 둥글고 넓적한 젓가락
조리법 ( )	A) 나는 덥고 습한 환경에서 살아. 음식이 빨리 상하지만 그만큼 식물들이 잘 자라! B) 우리는 넓은 영토와 다양한 민족이 서로 융합하면서 과거부터 서로 다른 문화들을 주고받았어! C) 우리는 춥고 건조한 지역에서 살고 있고, 식물도 잘 안 자라!	☐ 맵고 짠 자극적인 향신료를 많이 사용하는 조리법(향신료: 식물들의 잎 또는 과실과 껍질을 갈아서 만든 것) ☐ 한 음식에도 다양한 재료와 여러 방법을 이용하는 조리법 ☐ 향신료를 쓰지 않으며, 소금 간을 세게 하지 않는 조리법
재료 ( )	A) 우리는 날씨가 건조해서 많은 물을 필요로 하는 쌀을 키우기 어려워. B) 우리는 고온다습한 기후라서 쌀이 잘 자라!	☐ 밀가루를 이용해 빵 종류를 많이 만들고, 고기를 주로 많이 섭취하기 ☐ 볶음밥이나 죽, 떡과 같은 쌀을 이용한 음식을 주로 섭취하기
국수 종류 ( )	A) 우리는 육식을 금지한 시기가 있었고, 바다 주변에서 살고 있어! B) 우리는 밀이 잘 자라는 지역에서 살고 있고 다양한 민족이 있어! C) 우리는 밀이 자라기 어려운 지역에서 살지만, 그래도 산에 메밀이 많아!	☐ 가다랑어포(물고기) 육수를 이용한 국수 요리 ☐ 다양한 면 종류의 국수 요리 ☐ 메밀면을 이용한 국수 요리

○ 결과 발표하기

- 자신이 선택한 결과와 그 이유를 전체 학생들에게 발표합니다. 그리고 이러한 문화적 차이가 나타나는 이유에 대해 생각하고 이야기를 나누어 봅니다.
- 각 모둠에서 한 명이 나와 자신이 뽑은 상황 카드와 선택한 결과를 이야기하고, 그 이유를 설명하여 봅시다.
- 이러한 문화적 차이가 나타나는 이유에 대해 생각하고, 문화와 우리의 주변 환경이 어떤 관계를 맺고 있는지 이야기해 봅시다.

학습활동 2 → 퓨전 국수 만들기

○ 라면 삼국지 이야기 시청하기

- 퓨전 국수 만들기 활동을 하기 전 평소에 많이 접하는 음식인 한·중·일 세 나라의 라면 이야기를 시청하면서 라면이라는 음식 문화가 교류되면서 생긴 변화들을 생각하도록 합니다.
- 우리가 자주 먹는 라면에도 한국, 중국, 일본의 여러 나라의 숨겨진 이야기가 있다고 합니다. '라면 삼국지'라는 영상을 시청하고 함께 이야기를 나누어 봅시다. (https://youtu.be/HXEySIFOMCw – 00:00~00:58)
- 각 나라의 문화들이 서로 소통하고 교류하면서 우리나라에 인스턴트 라면이라는 새로운 문화가 나타났고 지금까지도 라면을 즐겨 먹게 됐습니다. 한국, 중국, 일본의 국수 문화가 서로 얽혀 라면이라는 새로운 문화가 된 것처럼, 우리도 다른 나라의 문화가 서로 연결된 퓨전 국수 만들기 활동을 해 봅시다.

○ 퓨전 국수 만들기

- 한·중·일 세 나라의 재료가 들어간 퓨전 국수 만드는 활동을 하도록 합니다. 그리고 자신이 만든 퓨전 국수를 모둠원과 이야기해 보고, 다양한 문화의 소통과 교류가 우리의 삶에 어떤 영향을 미쳤는지 생각하도록 합니다.
- 여러 나라의 재료를 사용해 퓨전 국수를 만들어 봅시다.
- 자신이 만든 퓨전 국수를 소개하고 각자 어떤 나라의 재료가 들어갔는지 모둠원과 함께 이야기해 봅시다.
- 만약 다른 나라의 음식 문화가 서로 교류되지 않았더라면 자신이 만든 국수가 어땠을지 상상해 봅시다.
- 개인의 취향과 기호, 자연환경과 인문환경의 차이 등 다양한 문화적 여건에 따라 문화의 형성과정은 달라집니다. 우리는 여러 나라의 재료들을 선택하여 다양하고 맛있는 새로운 음

식을 맛볼 수 있게 되었습니다. 이처럼 문화들이 서로 교류하고 소통해야 우리의 삶이 더 풍요로워진다는 것을 이해해 봅시다.

학습활동 3 → 나만의 코스 요리 구성하기

○ 문화가 다른 친구를 위해 코스 요리 구성하기

– 다양한 문화권의 친구들을 소개하고 학생들이 친구의 취향과 문화를 확인하도록 합니다. 다른 문화권의 친구를 위해 전 활동에서 만든 국수 요리가 포함된 코스 요리를 모둠원과 함께 구성하도록 합니다.

• 우리가 평소에 먹는 음식점의 음식은 다른 나라 친구들의 문화와 맞지 않을 수도 있습니다. 여러분이 1인 코스 요리집 요리사가 되었다고 가정하고, 그 친구들을 위해 코스 요리를 구성해 봅시다.

• 모둠원들이 상의하여 친구 한 명을 고르고, 문화와 상황에 맞는 코스 요리를 구성해 봅시다. 코스 요리는 전채 요리, 메인 요리, 후식으로 구성해 봅시다. 메인 메뉴는 퓨전 국수를 활용할 수 있고, 만약 여러분에게 더 좋은 생각이 있다면 빵이나 밥 종류를 선택할 수 있습니다. 코스 요리를 3가지로 구성한 다음 요리법에 맞게 요리하고 완성된 요리와 어울리는 젓가락도 그림으로 표현하여 봅시다.

○ '한 사람을 위한 코스 요리' 메뉴 발표 후 상호 평가하기

– 코스 요리 구성 메뉴(전채 요리, 메인 요리, 후식 등 3가지)와 구성한 이유를 발표하게 합니다. 작품 발표 전, 친구들의 코스 요리 작품 발표를 들으며 어떤 코스 요리가 다문화 학생의 요구 사항과 문화적 배경을 잘 고려하였는지 생각해 보면서 들을 수 있도록 평가 기준과 관점을 제시해 줍니다. 발표 후 잘 된 작품은 무엇인지, 어떤 점에서 좋았는지 서로의 학습지에 칭찬 스티커를 붙이며 피드백하는 시간을 가집니다.

• 각 모둠이 구성한 코스 요리와 그렇게 구성한 이유를 발표해 봅시다.

• 친구의 문화와 취향을 잘 고려하여 구성한 메뉴에 칭찬 스티커를 붙여 봅시다.

학습 주제:

차이와 다양성의 존중과 실천

개요

학습 목표	인지적 영역	• 차별 관련 이슈와 다른 문화에 미친 영향을 파악하고 성, 인종, 종교 등 다중적 문화 차이를 이해하도록 한다.
	사회·정서적 영역	• 다양한 상황에서 차이를 이해하고, 문화적 배경이 다른 사람을 존중하고 소통하려는 마음을 갖는다.
	행동적 영역	• 문화적 차이로 인한 차별과 편견의 부당성을 가지고, 자신의 일상 생활 속에서 편견을 벗어나기 위해 실천한다.
학습유형		주제 중심의 통합적 접근, 문제해결학습 활용
장소		교실, 컴퓨터실
활용 자료		그림책(돈가스 안 먹는 아이: 공주님의 여행: 공주님의 아주 특별한 여행: 안경 쓴 아이와 모자를 쓴 아이)

수업에서 주안점

❶ 문화다양성이 점차 확산되는 상황에서 발생할 수 있는 편견이나 차별 등의 사회 문제를 탐구하고, 자신이 속한 집단의 문화와 다른 문화의 가치를 인식함으로써 다른 문화를 존중하는 태도를 함양하도록 한다.

❷ 일상생활 속에서 편견을 탐구하는 과정을 통해 학생들이 평상시에 가지고 있었던 색안경뿐만 아니라, 자신이 몰랐던 편견과 차별에 대하여도 생각해 보고 그 의미를 이해하도록 한다. 또한 실제로 우리 주변에서 일어나는 성, 장애, 인종, 직업, 나이 등에 따른 편견과 그로 인한 차별 상황들을 살펴보고 해결 방안을 탐구하도록 한다. 초 5~6학년군의 사회교과와 도덕교과에서 갈등 해결의 중요성 및 방법, 인권 존중의 중요성 및 방법, 세계 인류의 문제의 원인과 해결방안 등에 중점을 둔다.

❸ 주제 중심 통합적 접근, 문제해결학습, 다양한 역할 놀이 및 게임 활동을 이용하거나 학교 현장, 학습자의 상황에 맞게 적정한 교수–학습 방법을 활용할 수 있다.

[공주님의 여행] - 올리볼리

공주님의 여행 동화
http://ollybolly.org/cartoon/%ea%b3%b
5%ec%a3%bc%eb%8b%98%ec%9d%98-
%ec%97%ac%ed%96%89-1/

옛날 이란에 외국어 능력, 말타기, 칼싸움을 잘하는 공주가 있었다. 공주는 스스로 신랑감을 찾기 위하여 남자 군인처럼 변장을 하고 이웃 나라로 여행을 떠났다. 동쪽, 남쪽, 서쪽, 북쪽 나라에 있는 나라들을 여행하며 여러 가지 문제를 해결해 주었다. 사랑하는 사람끼리 결혼할 수 있도록 도와주고, 두 나라가 전쟁을 하지 않도록 지혜를 발휘했다. 마지막 북쪽 나라에서는 외모보다 내면의 아름다움을 볼 줄 아는 양치기 왕자님과 만나게 되고 결혼하여 행복하게 잘 살았다는 내용이다.

공주님의 아주 특별한 여행

스밀자나 코(글), 차정은(역)
2018, 단추

주제: 진짜 행복을 찾아, 진짜 나를 찾아 함께 여행을 떠난 공주들의 모험 이야기를 담은 그림책입니다.

동화 속 공주라고 하면 아름다운 외모에 예쁜 옷을 입은 모습을 떠올리게 된다. 무슨 일이 생기면 나타나 구해 주는 왕자와 결혼해서 오래오래 행복하게 살았다는 공주의 이야기가 흔한 결말이다. 하지만 이 책에는 왕자님이 나오지 않는다. 공주들을 불행에서 구한 건 다름 아닌 자기 마음속에 있던 내면의 힘이기 때문이다. 그리고 서로를 응원하고 도와준 친구들이 있었다. 더 이상 공주들은 누군가가 나타나 행복하게 해 주기를 바라지 않는다. 우리도 공주들과 함께 여행을 하다 보면 우리 안에 있는, 스스로를 행복하게 할 수 있는, 힘을 발견하게 될지도 모른다. (출처: 단추)

돈가스 안 먹는 아이

유혜진(글), 김은주(그림)
2018, 책읽는달

주제: 맛있는 돈가스를 안 먹는 친구 아부와 베트남에서 온 엄마를 둔 민호가 학교와 일상생활에서 친구들과 함께 한 이야기를 담은 그림책입니다.

우리 반 친구, 아부는 편식쟁이다. 급식 시간에는 돈가스, 짜장면, 볶음밥, 햄버거 등 안 먹는 음식이 너무 많다. 방과 후 요리 교실 시간에 친구들과 함께 핫도그를 만들고도 핫도그를 먹지 않는다. 짝꿍인 유라가 먹으라고 권해도 안 먹는다. 아부는 돼지고기가 들어간 음식은 안 먹는다고 한다. 그 맛있는 돼지고기를 왜 안 먹는 걸까? 아부는 점심시간만 되면 친구들에게 말도 없이 슬그머니 사라진다. 어떤 때는 운동 경기를 하다 말고 사라진다. 그래서 아부의 별명은 '재투성이 신데렐라'이다. 이슬람 국가에서 온 아부는 사사건건 반 아이들과 부딪친다. 이 일로 인하여 아부는 점점 자신감을 잃게 되고, 친구들과 멀어지게 된다. 얼마 전 전학 온 민호는 아부에게 한국에 왔으면 한국식으로 살아야 하며 그래야 친구가 생긴다고 말한다. 알고 보니 민호는 엄마가 베트남 사람인 다문화 가정의 아이였다. 아이들은 갈등과 화해를 겪으며 서로의 고민을 나누고, 편견과 차별이 아닌 열린 마음으로 다양한 문화를 이해한다. 나와 다른 생각과 습관을 가진 친구와 생활하는 법을 생각해 보자. (출처: 책읽는달)

[안경 낀 아이와 모자 쓴 아이] -올리볼리

릴러 하킴 엘러히(글) 알리 마훠케리(그림)

http://edu.ollybolly.org/cartoon/%ec%95%88%ea%b2
%bd-%eb%82%80-%ec%95%84%ec%9d%b4%ec%99
%80-%eb%aa%a8%ec%9e%90-%ec%93%b4-%ec%
95%84%ec%9d%b4-1/

눈이 내리던 추운 어느 날, 아이들은 모두 밖에서 눈싸움을 하는데 안경 쓴 아이와 모자 쓴 아이만 파란 지붕 집에 남아 있다. 모자를 쓴 아이는 모자를 쓰면 이상해 보이고 모자를 쓰지 않으면 얼굴이 빨개질 거고 친구들이 놀리는 게 싫어 나가지 않는다. 안경을 쓴 아이는 안경을 쓰면 이상해 보여서 안경이 싫지만 안경을 쓰지 않으면 어둡고 흐리게 보여서 잘 걷지 못하고 넘어지고 머리도 아프다. 두 친구는 서로에 대해 함께 여러 이야기를 나누다가 모자와 안경을 바꾸어 쓰고 거울 앞에 섰다. 이제 두 친구는 밖으로 나가기 시작했다.

단계	학습 내용	교수·학습 활동	자료(*) 및 유의점(•)
도입	생각 열기	**'공주님의 여행' 영상과 '공주님의 아주 특별한 여행' 동화** • '공주님' 이미지를 통해 떠오르는 낱말 이야기하기 • 개인적 경험과 연계	
	학습 주제	• 다양한 문화와 일상생활 속 편견 살펴보기	
전개	개념 정립	**[학습활동 1] 돈가스 안 먹는 아이** • 편식하는 음식이 있나요? • 우리 반 친구 아부는 왜 편식쟁이가 되었는지 살펴보기 – 아부는 왜 돼지고기를 안 먹을까요? • 나와 다른 생각과 습관을 가진 친구들과 생활하는 방법에 대해 함께 이야기 나누어 보기 • 편견과 관련된 핵심 낱말 이해하기–편견, 차별, 다름, 틀림 등 낱말 개념 다시 한번 확인하기	• 학생들이 동화를 함께 읽고 찾은 의견을 바탕으로 이야기를 나눈 후 외모와 성역할에 대한 편견, 이슬람 문화의 내용을 함께 정리한다.
	사례 탐색	**[학습활동 2] 내 안의 색안경 찾기** • 나는 어떤 색안경을 가지고 있을까 생각해 보기 • 인종, 성별, 장애, 나이 등의 사례 속 편견 찾기 • 실제 우리 주변에 일어나는 편견과 그로 인한 차별 상황 제시 • 나라면 이 상황에서 어떻게 말하거나 행동할 수 있을지 생각해 보고 학습지에 적어 보기	• 다양한 문화에 대한 이해와 존중과 연계하여 사회와 일상생활 속 편견에 대해 생각해 본다.

	심화
	실천
		[학습활동 3] 우리 사회에 존재하는 '파란 집'
		• 『안경 낀 아이와 모자 쓴 아이』를 함께 읽고 생각해 볼 거리 질문하기
		  – 두 아이는 왜 밖으로 나가지 못했나요?
		• 집 밖으로 나오지 못하는 사람들의 이야기
		  – 집 밖으로 나오지 못하는 사람들은 누구일까요?
		    몸이 불편한 사람, 남과 다른 외모를 가진 사람 등
		  – 왜 나오지 못하는 걸까요?
		  – 이동하기 불편해서, 다른 사람들의 시선이 힘들어서
			• 차별을 가한 사람에게 똑같이 폭언, 폭행, 차별 등의 폭력적 방식이 아닌 대화와 같은 비폭력적 방식으로 다가갈 수 있도록 지도한다.

정리	수업 결과 공유	• 학습 중 발견한 자신만의 지식, 가치, 행동 변화를 표현하는 댓글 게시 – 붙임쪽지 사용 • 문화다양성 동화를 읽고 나서– 나도 동화 작가!	

💡 생각열기 → 공주님 하면 떠오르는 낱말 생각해 보기

🔍 **'공주님의 특별한 여행' 동화의 한 장면을 함께 보기**

– 다음 동화의 한 장면을 보면서 '공주님' 하면 떠오르는 낱말을 생각해 봅시다.

– 이 동화책에서 세상에 모든 걸 다 갖고 있는 안토니아 공주는 세상이 지루하기만 해요, 왜일까요? 친구들은 많지만 저마다의 성에 다들 갇혀 있기 때문이죠. 이 동화책에는 왕자님이 나오지 않는 공주님 동화책이에요. 공주들을 불행에서 구한 건 누구였을까요?

– 다름 아닌 자기 마음속에 있던 내면의 힘이었대요. 그리고 서로를 응원하고 도와준 친구들의 힘이기도 합니다.

– 더 이상 공주들은 누군가가 나타나 행복하게 해 주기를 바라지 않습니다.

– 우리도 이러한 공주들과 함께 여행을 하다 보면 우리 안에 있는 스스로 행복하게 할 수 있는 힘을 발견하게 될지도 몰라요. 우리 모두 함께 떠나 볼까요?

※ 여러분은 공주님 하면 어떤 동화 속 공주님들을 알고 있나요? 여러분이 어릴 적부터 읽어 온 공주님이 나오는 동화의 제목을 적어 보세요. 그 동화책 속 공주님의 이미지와 떠오르는 단어도 자유롭게 적어 보세요.

〈공주님이 나오는 동화 제목〉	〈동화 속 공주님의 이미지〉

〈이 동화 속 공주님들의 결말은?〉

○ **편식 습관 이야기하기**

  – 여러분은 학교에서 급식으로 나왔으면 하는 음식들이 있나요?

  – 돈가스, 짜장면, 햄버거 등이 나오면 좋아하는 친구들이 많이 있죠?

○ **아부는 어떤 사람일까요?**

  – 아부는 어느 나라에서 왔을까요?

  – 친구들이 아부를 수상한 아부라고 놀리는 이유를 찾아보세요.

  – 아부의 또 다른 별명은 무엇일까요?

  – 아부가 기분 나빴던 말은 무엇이었을까요?

  – '손을 보고 거무튀튀해서 안 씻은 줄 알았다'라는 말이 제일 기분이 나빴다고 합니다. 생김 새를 가지고 놀리는 것은 못된 것 같다고 아부가 이야기하고 있어요.

  – 아부는 점심시간만 되면 친구들에게 말도 없이 슬그머니 사라집니다. 도대체 아부는 왜 자꾸 사라지는 걸까요?

  – 나와 다른 생각을 가진 친구들과 식습관에 대해 함께 이야기를 나누어 보아요.

활동지 　아부는 왜 돈가스를 안 먹을까요?

※ 『돈가스 안 먹는 아이』를 읽으면서 이 책의 주인공인 아부는 돈가스뿐만 아니라 다른 친구들이 권하는 음식의 대부분을 먹지 못하는 상황이 옵니다. 여러분은 이 책을 읽으며 아부가 안 먹는 음식이 어떤 것이 있는지 적어 보세요. 그리고 왜 못먹는 음식이 이렇게 많게 된 걸까요?

〈아부가 안 먹는 음식〉
〈아부는 왜 못 먹는 음식이 이렇게 많은 걸까요?〉

○ 이란의 그림동화 '공주님의 여행' 영상으로 감상하기

  – 이란의 한 아름다운 공주님은 자신의 신랑감을 찾아 여러 나라로 여행을 떠난다고 합니다.
    자신을 알아보지 못하게 변장하고 동쪽 나라로 간 공주님은 어떤 일들을 만나게 될까요?

  – 그림 장면, 목소리 톤을 보면서 내용을 상상하여 보세요.

○ 동화 속 편견에 관한 부분에 밑줄 긋기

  옛날에 큰 나라를 다스리는 왕이 살았어요. 왕에게는 딸이 하나밖에 없었어요. 공주는 모든 일을 잘 했어요. 말타기와 칼싸움은 아무도 공주를 이길 수 없었어요. 공주는 똑똑하고 아는 것도 많았어요. 게다가 공주는 말솜씨가 좋았고, 모든 나라 말을 할 수 있었어요. 하지만 무엇보다도 공주는 깜짝 놀랄 만큼 아름다웠어요. 공주가 얼마나 예쁜지 사람들은 눈을 뗄 수 없었어요. 다른 나라 왕자들이 특별한 선물을 가져와 공주에게 결혼해달라고 부탁했어요. 공주는 모두 거절했고 왕자들은 눈물을 흘리며 돌아갔어요. 공주는 왕자들이 끊임없이 찾아와 결혼해 달라고 하는 게 지겨웠어요. 그래서 왕에게 가서 말했어요.

  "아버지! 사람들을 왕궁에 오지 못하게 하면 안 될까요?"

  왕은 깜짝 놀라 대답했어요.

  "어떻게 사람들을 오지 말라고 할 수 있겠느냐? 네가 언젠가 내 자리를 이어받게 되면 너도 그렇게 할 수 없을 거야."

  공주가 말했어요.

  "그러면 제가 결혼할 생각이 없다는 것을 나팔을 불어 널리 알려주세요."

  왕이 말했어요.

  "만약에 그렇게 하더라도 이 나라에서만 그 사실을 알겠지. 그것을 알지 못하는 다른 나라 사람들은 계속 찾아 올 것 아니냐. 너도 이제 왕자들 가운데 누군가와 결혼을 하지 그러느냐."

  공주가 말했어요.

  "누군가가 저를 선택하는 것이 싫어요. 제가 남편을 선택하고 싶어요."

  왕이 말했어요.

  "나도 그렇게 생각한단다. 왕자들 가운데 마음에 드는 사람이 생기면 그때 나에게 말하렴."

  공주가 말했어요.

  "이곳에 찾아오는 사람들은 이미 저를 선택한 거라구요. 아버지! 제가 다른 나라로 떠나는 것을 허락해 주세요. 가장 가까운 나라와 가장 먼 나라로 가서 미래의 남편을 제가 선택하겠

어요."

왕이 말했어요.

"네가 매우 유명하다는 사실을 잊었니? 어느 곳을 가든지 네 목숨이 위험할 수도 있단 말이야."

공주가 말했어요.

〈중략〉

"그런데 여기에서 무엇을 하고 있지요? 양들은 당신에게 나라를 다스리는 법을 가르쳐 줄 수 없어요."

왕자가 말했어요.

"하지만 나는 시끄러운 왕궁보다는 이곳이 더 좋아요."

오랜 시간 동안 두 사람은 여러 가지 이야기를 나누었어요. 해가 지기 시작하자 두 사람은 왕궁으로 걸어갔어요. 그리고 날마다 만나기로 약속했어요.

어느 날, 왕자가 말했어요.

"아버지는 내가 다른 나라의 공주와 결혼하기를 원하세요. 하지만 난 좋아하는 사람과 결혼하고 싶어요. 당신이 여자였다면 당신과 결혼할 텐데..."

공주가 말했어요.

"나는 흑인이고 당신은 백인이잖아요. 나는 군인이고 당신은 왕자이구요."

왕자가 말했어요.

"당신이 여자라면 얼굴 색깔이나 지위는 아무 상관없이 당신과 결혼했을 거예요."

공주가 말했어요.

"그럼 뭘 기다려요. 사실 나는 여자예요."

왕자가 좋아서 펄쩍 뛰었어요. 그리고 공주를 데리고 아버지에게 갔어요. 왕자가 말했어요.

"이 아가씨와 결혼해서 제 인생을 환하게 밝히고 싶어요. 이 사람은 제가 늘 결혼하기를 꿈꾸던 그런 여자예요."

공주가 왕자에게 귓속말을 했어요.

"저도 당신을 찾으려고 세상을 한 바퀴 돌아 여기까지 왔어요."

공주님의 여행 속 색안경 찾기

1. '공주님의 여행'이라는 동화 속의 공주님은 어떤 사람이었나요?

2. 공주님은 왜 아버지에게 사람들이 왕궁에 오지 못하도록 해달라고 부탁했나요?

3. 이 동화의 결말은 어떠했나요?

4. 동화 속에는 어떤 색안경(편견)을 드러내고자 했던 것 같나요?

5. 다음을 잘 읽고 편견과 관련된 핵심 개념을 찾아 연결하여 봅시다.

바른 점에서 어긋남 •   • 차별

공정하지 못하고 한쪽으로 치우친 의견이나 생각 •   • 다름

다른 것과 구별되는 점 •   • 편견

어떤 기준을 두어 대상을 구별하고 다르게 대우하는 것 •   • 틀림

○ **함께 생각해 볼거리 질문하기**

– 두 아이는 왜 밖으로 나가지 못했나요?

– 왜 친구들이 놀린다고 생각했나요?

○ **집 밖으로 나오지 못하는 사람들의 이야기**

– 집 밖으로 나오지 못하는 사람들은 누구일까요?

– 몸이 불편한 사람, 남과 다른 외모를 가진 사람은 왜 나오지 못하는 걸까요?

– 이동하기 불편해서요. 다른 사람들이 쳐다보는 것이 싫어서요.

○ **나는 어떤 색안경을 가지고 있을까 생각해 보기**

활동지 **이야기 바꾸어 만화 그리기**

※ '안경 낀 아이와 모자 쓴 아이' 동화를 읽어 본 후, 인물의 성격, 배경 등을 바꾸어 우리 반에 이러한 친구들이 있다면 사건 전개 과정이 어떻게 달라질지 생각하며 만화로 표현해 봅시다. 나는 그 아이들에게 어떤 말과 행동을 할 수 있을지 고려해 봅시다.

1. 문화다양성 교육 동화 중 가장 기억에 남는 스토리는 어떤 것이고, 그 이유는 무엇인가요?

2. '다른 사람들의 생각 존중'을 주제로 이야기를 만들어 봅시다.

2. 지속가능발전교육 수업의 실제

● 수업 구성 개요

세계시민교육 연계 요소

○ 지역·국가·세계 차원에서 공동체 간의 상호작용과 연계에 영향을 미치는 이슈

○ 개인적, 집단적으로 취할 수 있는 실천

○ 윤리적으로 책임감 있는 행동

···▶ 지속가능발전		
학년급	학습 주제	학습 내용
초등 1~2학년	우리 모두의 삶의 터전, 숲	• 소중한 숲, 사라지고 있다고? • 숲은 왜 사라지고 있을까? • 숲을 보전하는 멋진 우리 되기
초등 3~4학년	우리가 만들어 낸 플라스틱 섬	• 내 손에서 바다까지, 플라스틱 쓰레기의 여행 • 바다 한가운데의 플라스틱 섬 • 더 나은 미래를 위한 변화 시작하기
초등 5~6학년	기후변화에서 지속가능하게 살아가기	• 기후변화로 나타나는 문제 알아보기 • 기후변화의 원인 알아보기 • 지속가능하게 살아가는 방법 탐구하기
	기후변화와 기후변화 문제 탐구	• 기후변화 문제 인식 • 기후변화 문제 탐색 • 기후변화 대처 방안 탐색 • 기후변화 문제해결을 위한 실천

학습 주제:

우리 모두의 삶의 터전, 숲

개요

학습 목표	인지적 영역	• 동식물의 삶의 터전인 숲의 가치를 이해한다.
	사회·정서적 영역	• 숲의 가치와 보존의 필요성을 받아들이고 존중한다.
	행동적 영역	• 숲 보존을 위하여 생활 속에서 실천할 수 있는 방안을 탐색한다.
학습유형		주제 중심 통합적 접근, 문제해결학습 활용
장소		교실, 컴퓨터실 등
활용 자료		그림책(내 방에 랑탄이 나타났어!: 라면을 먹으면 숲이 사라져: 누가 숲을 사라지게 했을까?: 나무들이 재잘거리는 숲 이야기: 사계절이 아름다운 우리 자연 숲), 활동지, 숲 관련 사진 및 동영상

수업에서 주안점

❶ 인간과 동식물의 삶의 터전인 숲의 가치를 인식하고, 나아가서 현재의 세계인, 생태계의 여러 생물종, 후속 세대가 함께 숲을 공유하려는 태도를 지니며, 이를 위해 숲의 지속가능한 보존 방안을 탐색하고 실천에 동참할 수 있도록 한다.

❷ 일상생활 속 행위가 내 주변의 숲, 지구의 숲에 영향을 주고 있음을 이야기를 통해 제시하여, 세계시민으로서 책임 있는 행동의 필요성을 스스로 인식하도록 한다.

❸ 교수–학습 과정안은 총 3차시 이상의 학습으로 계획되었으며, 세부주제별로 1차시 이상을 확보하여 각 활동이 의미 있게 이루어질 수 있도록 한다.

❹ 주제 중심 통합적 접근, 문제해결학습, 그 이외 학교 현장, 학습자의 상황에 맞게 적정한 교수–학습 방법을 활용할 수 있다.

내 방에 랑탄이 나타났어!

제임스 셀릭(글), 프랜 프레스톤 개논(그림), 서남희(역)
2020, 재능교육

주제: 열대우림 파괴로 인한 문제
꼬마 오랑우탄 랑탄이 숲의 파괴로 살 곳이 사라지
면서 내 방에 찾아오는 이야기를 담은 그림책이다.

내 방에 찾아온 꼬마 오랑우탄 랑탄은 내 초콜릿을 모두 쓰레기통에 버리고, 내 샴푸를 보면 시
끄럽게 울부짖는 행동을 한다. 또 내가 바삭한 과자를 먹으려니까 긴 팔로 빼앗아 던져 버린다.
랑탄은 왜 이런 행동을 할까? 그리고 도대체 내 방에 왜 온 것일까? 랑탄이 들려주는 이야기를
통해 열대우림이 왜 파괴되고 있는지, 그로 인해 오랑우탄과 같은 동물들은 어떤 어려움을 겪게
되는지 생각해 볼거리를 제공한다. (출처: 재능교육)

누가 숲을 사라지게 했을까?

임선아(글·그림)
2013, 와이즈만북스

주제: 숲이 파괴되는 다양한 원인
나의 일상생활 속 작은 행동들이 어떻게 숲을 파괴하게
되는지 설명해 주는 그림책이다.

저자는 숲이 사라진 것은 바로 '우리' 때문이라고 말한다. 우리가 생활 속에서 자주 사용하는 나무젓가락, 헤프게 쓴 공책, 우리가 사는 새 휴대폰, 우리가 먹는 햄버거나 과자, 라면 등과 관련지어 숲이 사라지는 이유를 설명함으로써, 자신의 일상생활 속 작은 행동이 지구의 숲을 파괴하는 것과 무관하지 않음을 알려준다. 또 이를 통해 숲을 살리는 습관을 만들어갈 수 있도록 격려한다. (출처: 와이즈만북스)

라면을 먹으면 숲이 사라져

최원형(글), 이시누(그림)
2020, 책읽는곰

주제: 숲의 파괴를 비롯한 환경문제
고래 똥 생태 연구소의 소장님과 동물들의 이야기를 통해 우리 주변의 다양한 환경문제를 인식하고 실천할 수 있도록 안내하는 동화책이다.

이 책은 라면을 먹는 것이 숲을 파괴하는 일이 될 수도 있다는 사실뿐만 아니라, 사람들의 옷을 만들기 위해 털이 뽑혀버린 거위, 기후변화로 점차 사라져가는 나비, 쓰레기로 인해 죽어가는 고래와 바닷새 등의 이야기를 통해 지구의 다양한 환경문제가 우리의 삶과 밀접한 관련이 있음을 알게 한다. 또 이러한 환경문제 해결에 동참할 수 있도록 구체적인 실천 방안도 함께 제시한다. (출처: 책읽는곰)

나무들이 재잘거리는 숲 이야기

김남길(글), 끌레몽(그림)
2014, 풀과바람

주제: 숲과 나무에 대한 다양한 정보를 제공하고, 숲을 보존하는
것의 중요성을 알려주는 책이다.

숲에 대한 안내서이자 숲 속 생태계 보고서이다. 숲과 나무의 일생과 생존 전략은 물론 종류와
자라는 곳, 숲 속 생태계의 비밀, 그리고 숲을 살리는 방법까지 담아냈다. 단순하게 숲과 나무에
관한 지식을 전달하기보다 올바른 가치관을 보여주며 행동으로 나아갈 수 있도록 한다. (출처:
풀과바람)

사계절이 아름다운 우리 자연 숲

하시연(글), 김재원·구분선(그림)
2008, 주니어김영사

주제: 숲에 대한 기본적인 정보, 계절별 숲의 모습을 자세히 알
려주어 숲의 아름다움과 가치를 느낄 수 있게 하는 책이다.

환경부에서는 우리나라의 여러 국립공원을 관리하고 있으며, 산림청에서는 숲을 찾는 사람들
을 위해서 자연휴양림과 수목원, 산림욕장을 지정하여 숲을 체험하려는 사람들에게 안내해준
다. 이 책을 통해 어느 곳에 우리나라의 대표적인 숲이 있는지 살펴볼 수 있다. (출처: 주니어김
영사)

단계	학습 내용	교수·학습 활동	자료(*) 및 유의점(·)
도입	생각 열기	**숲 관련 자료 제시** • 숲 관련 사진 및 동영상 제시하기 • 사진이나 동영상을 보고 어떤 느낌이 드는지 생각 공유하기 • 숲에 다녀온 자기의 경험과 연계하기	* 숲 관련 사진, 영상 자료
	학습 주제	• 숲의 가치와 지속가능한 보존 방안 탐색	
전개	문제 상황 파악	**[학습활동 1] 소중한 숲, 사라지고 있다고?** • 숲의 가치 생각해 보기 • 『내 방에 랑탄이 나타났어!』 그림책을 통해 숲이 사라지면서 나타날 수 있는 문제 상황 인식하기 • 이야기를 토대로 문제의 심각성에 공감하기	* 그림책 『내 방에 랑탄 이 나타났어!』
	문제 원인 확인	**[학습활동 2] 숲은 왜 사라지고 있을까?** • 『라면을 먹으면 숲이 사라져』, 『누가 숲을 사라지게 했을까?』의 이야 기를 통해 숲이 사라지는 원인 탐색하기 • 숲의 파괴가 나의 삶과 관련이 있음을 이해하기 • 숲이 계속 사라진다면 어떤 결과를 초래할지 생각해 보기	* 그림책 『라면을 먹으 면 숲이 사라져』, 『누 가 숲을 사라지게 했 을까?』
	해결 방안 탐색	**[학습활동 3] 숲을 보전하는 멋진 우리 되기** • 숲의 지속가능한 보전에 관심 갖기 • 생활 속에서 숲 보존을 위해 실천할 수 있는 일 생각해 보기 • 나의 실천 다짐을 적어서 랑탄에게 편지쓰기	
정리	수업 결과 공유	• 랑탄에게 쓴 편지 발표 및 공유하기	• 학습자 개인의 변화 를 표현, 공유함으로 써 향후 지속적 관심 과 실천을 유도한다.

생각열기 → 숲 관련 영상 함께 보기

🔍 숲 영상을 보고 함께 이야기하기

(출처: https://www.youtube.com/watch?v=BvSMPUQLKYQ)

– 여러분은 숲을 보면 어떤 것이 떠오르나요?

– 숲에 다녀온 적이 있나요? 기억에 남는 것은 무엇인가요?

– 숲은 우리에게 어떤 도움을 줄까요?

🔍 또 다른 숲 영상을 보고 함께 이야기하기

(출처: https://www.youtube.com/watch?v=nGxm5sqK6kc)

– 오랑우탄은 왜 집을 잃게 되었을까요?

– 인도네시아의 숲은 누가 파괴한 것일까요?

– 라면, 마가린뿐만 아니라 세제나 화장품 등을 만드는 데도 쓰이는 재료는 무엇일까요?

– 숲이 망가지지 않게 하려면 어떻게 해야 할까요?

학습활동 1 → 소중한 숲, 사라지고 있다고?

○ 『내 방에 랑탄이 나타났어!』를 읽고 서로의 생각을 이야기해 보기

– 랑탄이가 주인공에게서 빼앗아 쓰레기통에 버린 물건은 무엇인가요?

– 랑탄이는 왜 물건을 버렸을까요?

– 랑탄이를 도와주어야 하는 이유와 도울 방법이 있는지 이야기해 봅시다.

○ **숲의 가치 배우기**

– 숲에 사는 동식물의 이름을 말해 봅시다.

– 숲의 좋은 점을 책이나 인터넷에서 찾아보고 왜 중요한지 알아 봅시다.

– 숲과 숲에 사는 동식물을 지켜야 할 이유가 무엇인지 이야기해 봅시다.

활동지   숲의 가치

※ 숲이 우리에게 어떤 도움을 주는지 적어 봅시다.

※ 중요한 역할을 하는 숲이 사라진다면 어떤 일이 일어날지 상상해 봅시다.

1. 이야기를 읽은 후, 랑탄이 우리 집에서 했던 행동들을 정리해 봅시다.

랑탄의 모습	랑탄이의 행동

2. 랑탄의 원래 집이었던 숲에서 무슨 일이 일어났는지 기억에 남는 장면을 그림으로 표현해 봅시다.

> 랑탄이 들려준 이야기
> – 내 숲에 사람들이 나타났어!
> – 사람들은 우리 가족을 어딘가로 끌고 갔어.
> – 어떻게 해야 하지? 어떻게 해야 할까?
> – 나도 끌려갈까 봐 너무너무 겁이 나.
> – 사람들은 숲속의 나무를 마구마구 베고 있어.
> – 사람들은 야자나무에서 기름을 얻기 위해 숲을 마구 불태워. – 너희의 음식과 샴푸를 위해서 말이야.

3. 숲이 사라졌을 때, 랑탄의 마음은 어땠을지 생각해 봅시다.

4. 숲이 사라지면서 랑탄은 어떤 어려움에 처하게 되었는지 생각해 봅시다.

학습활동 2 ➜ 숲은 왜 사라지고 있을까?

🔎 『누가 숲을 사라지게 했을까?』를 읽고, 숲을 사라지게 원인을 정리해 보기

 – 숲에서 사는 동물과 식물을 이야기해 봅시다.

 – 숲이 사라지는 것은 무엇 때문이라고 했나요?

 – 그중에서 나와 관련이 있는 것이 있나요?

 – 숲이 사라지면 동물과 식물, 그리고 지구는 어떻게 될까요?

"라면과 숲은 상관이 없으면 좋겠지만, 사실은 무척 깊은 관련이 있지. 인도네시아 칼리만탄섬에는 오랜 시간 사람의 발길이 닿지 않아서 자연 그대로 보존된 원시림이 있어. 칼리만탄 원시림은 오랑우탄의 서식지이기도 하단다. 그런데 그 숲을 없애려고 사람들이 몰래 불을 지르고 있어."

"숲을 없애려고 불을 지른다고요? 도대체 사람들은 오랑우탄의 집인 숲에다 뭘 하려는 걸까요?"

"궁금하지? 혹시 팜유라고 들어 봤니? 팜유는 기름야자에서 뽑아낸 기름이야. 라면을 튀기는 데 쓰이는 기름이 바로 팜유란다."

"다른 기름도 많은데 왜 굳이 팜유를 써요?"

"식용유, 올리브유, 포도씨유, 유채씨유, 해바라기씨유에 이르기까지 수많은 기름이 있는데 왜 하필 팜유일까? 그건 팜유가 값이 싸고 상온에서 오래 보관할 수 있기 때문이야. 그리고 무엇보다도 팜유로 라면을 튀기면 바삭한 맛을 내기 때문이란다.

팜유는 식품뿐 아니라 치약, 비누, 샴푸, 세제, 화장품에 이르기까지 다양한 물건을 만들 때 쓰여. 계면 활성제라고 비누나 샴푸를 만들 때 꼭 필요한 성분인데, 기름때 따위가 잘 씻겨 나가게 해 주지. 예전에는 인공화합물로 만든 계면 활성제를 주로 썼는데, 그게 인체에 해롭다는 게 알려지면서 계면 활성제에 관심이 집중됐어. 그러나 팜유에 계면 활성 물질이 있다는 사실이 알려지면서 널리 쓰이게 됐지. 팜유가 더 많이 쓰이게 되면서 더 넓은 기름야자 농장이 필요해졌고, 오랫동안 동물들의 집이었던 숲을 불태워 기름야자 농장을 만들게 된 거란다. 우리가 먹는 음식이나 생활 습관 때문에 세계 곳곳에서 숲이 사라지고 있어.

햄버거도 마찬가지야. 너희가 좋아하는 햄버거 하나를 만드느라 15평 정도의 숲이 사라진다고 해. 햄버거에 들어가는 그 얇은 고기 패티 한 장을 만드느라 결코 적지 않은 숲이 사라지고 있어. 고기를 얻기 위한 가축을 키우느라 말이지. 남아메리카 아마존 열대우림의 25퍼센트가 가축이 먹을 사료용 곡물을 재배하는 땅으로 쓰느라 사라졌고, 숲은 지구를 뜨겁게 하는 탄소를 흡수하는 곳이니까, 숲이 사라지는 만큼 탄소를 흡수할 곳도 사라질 테지. 그러니 지구는 해가 갈수록 뜨거워질 수밖에 없어.

사실 숲이 사라진다는 건 단지 나무만 사라지는 것이 아니야. 뿌리에서부터 꼭대기까지 한 나무에 얼마나 많은 생명이 깃들어 사는지 몰라. 그러니까 나무 한 그루가 잘려 나간다는 것은 거기에 살고 있는 수많은 생물이 함께 사라진다는 뜻이지. 동물뿐만 아니라 숲에 의지해 살던 지역 주민들의 삶도 뿌리째 뽑혀. 숲에서 식량을 얻고 약재와 땔감까지 구하며 살던 사람들은 어떻게 될까?"

숲은 아주 커다란 집이야. 신기하고 놀라운 생명들이 사는 집.

숲은 아주 넉넉한 선물 상자야. 숲에선 온갖 나물과 나무 열매를 얻을 수 있어.

숲 속의 나무는 이산화탄소를 흡수해서 산소를 만들어.

또 빗물을 저장했다가 조금씩 흘려보내서 홍수와 가뭄을 조절해 주지.

그뿐이 아니야.

종이가 되기도 하고, 우리가 사는 집이 되기도 해.

그런데 이런 숲이 점점 사라지고 있어.

숲이 사라지면 많은 문제가 생겨.

사막이 점점 넓어지고 동물들도 사라져 버려.

나무가 없으니까 홍수와 가뭄, 산사태도 쉽게 일어나.

햇빛과 이산화탄소를 흡수하지 못해 지구는 점점 더 뜨거워져.

그런데 그거 아니?

숲이 사라진 것은 바로 우리 때문이야.

숲이 사라지는 것은 우리가 쓰고 있는 나무젓가락 때문이야.

숲이 사라지는 것은 우리가 헤프게 쓴 공책 때문이야.

숲이 사라지는 것은 우리가 사는 새 휴대폰 때문이야.

숲이 사라지는 것은 우리가 먹는 햄버거 때문이야.

숲이 사라지는 것은 우리가 좋아하는 과자 때문이야.

숲이 사라지는 것은 우리가 먹는 새우튀김 때문이야.

숲이 사라지는 것은 우리가 자주 먹는 라면 때문이야.

○ 내가 소망하는 지구의 숲의 모습을 그려 보고 숲을 보전하기 위해 내가 실천할 수 있는
일을 생각해 봅시다.

활동지 나의 실천 다짐을 적어서 랑탄에게 편지쓰기

※ 지구의 숲을 보존하기 위한 나의 실천 다짐을 담아 랑탄에게 편지를 써 봅시다.

학습 주제:

우리가 만들어 낸 플라스틱 섬

학습 목표	인지적 영역	• 생태계를 위협하는 플라스틱 쓰레기 문제의 심각성을 이해한다.
	사회·정서적 영역	• 플라스틱 쓰레기 문제 해결의 필요성에 공감한다.
	행동적 영역	• 생태계 보호를 위해 생활 속에서 쓰레기를 줄일 수 있는 방안을 탐색한다.
학습유형		주제 중심 통합적 접근, 문제해결학습 활용
장소		교실, 컴퓨터실(또는 스마트기기)
활용 자료		그림책(플라스틱 섬: 바다의 생물, 플라스틱: 지구를 구하는 쓰레기 제로 대작전), 학습지

수업에서 주안점

❶ 해양 생태계 및 육지 생태계에 악영향을 주는 플라스틱 쓰레기 문제는 전 인류와 동식물의 생존에 직결된 것으로, 전 지구적인 차원에서 세계시민으로서 직면하고 해결해 나가야 하는 문제임을 인식하도록 한다.

❷ 모두가 공존하는 지속가능한 지구를 위하여 자신의 일상생활에서부터 세계시민으로서 역할을 수행할 수 있는 친환경적 실천 역량을 함양하도록 한다.

❸ 주제 중심 통합적 접근, 문제해결학습, 그 이외 학교 현장, 학습자의 상황에 맞게 적정한 교수-학습 방법을 활용할 수 있다.

플라스틱 섬

이명애(글)
2020, 상출판사

주제: 플라스틱 쓰레기의 심각성
바닷새의 시선에서 자신이 살고 있는 바다 한가운데
있는 플라스틱 섬에 대한 이야기를 담은 그림책이다.

이 책은 바닷새의 관점에서 자신이 살고 있는 플라스틱 섬에 대한 이야기를 들려준다. 자신이
사는 섬에는 알록달록한 것들로 가득 차 있는데, 그것들은 강을 따라 바다로 흘러오기도 하고
태풍이나 해일이 일으킨 거센 파도를 타고 엄청나게 몰려오기도 한다고 일러준다. 알록달록한
것들이 무엇인지도 모른 채 물고, 쓰고, 덮어보고, 심지어 먹이와 함께 먹기도 하는 동물들의 모
습을 글과 그림으로 제시하여 플라스틱 섬으로 인해 고통받는 동물들의 모습을 떠올리게 한다.
(출처: 상출판사)

바다의 생물, 플라스틱

아나 페구, 이자베우 밍뇨스 마르칭스(글), 베르나르두 카르발류(그림),
이나현(역)
2020, 살림어린이

주제: 플라스틱 쓰레기의 심각성
바다를 점령하여 새로운 생물처럼 여겨지는 플라스틱 쓰
레기에 관한 이야기를 담은 그림책이다.

수많은 문제 가운데 왜 하필 플라스틱 쓰레기일까? 바다와 관련된 문제를 하나씩 적어 나가기 시작하면 끝이 없을 것이다. 이 중에서도 바다 쓰레기의 80퍼센트를 차지하는 플라스틱 쓰레기가 가장 걱정이다. 플라스틱 쓰레기 때문에 이미 많은 바다동물들이 고통받고 있고 결국에는 우리 인간도 고통받게 될 것이기 때문이다.

'비치 코머(beachcomber)'인 저자는 바다에 버려진 플라스틱이 너무나 많아서 플라스틱을 새로운 생물이라고 생각할 정도가 됐다고 말한다. 바다에는 얼마나 많은 플라스틱이 있는지, 동물들에게 플라스틱 쓰레기는 어떤 영향을 미치는지, 미세 플라스틱이 어떤 심각한 문제를 만들어 내는지 등을 알려준다. 특히 바다에서 실제 수집한 플라스틱 사진을 보여 주어 우리에게 경각심을 준다. 더불어 플라스틱 쓰레기 문제를 해결하기 위해 '누구나 할 수 있는 아주 쉬운 7가지 행동'을 제시하여 우리의 실천을 돕는다. (출처: 살림어린이)

지구를 구하는 쓰레기 제로 대작전

시마 외즈칸(글), 제이넵 외자탈라이(그림), 고정아 (역)
2020, 토토북

주제: 쓰레기 문제를 해결하기 위한 노력
주인공인 데이즈와 학급 친구들이 쓰레기를 줄이기 위하여 어떤 노력을 하였는지 이야기를 담은 책이다.

이 책의 주인공인 데이즈는 새 학년이 되면서 닐이라는 친구를 만나게 되는데, 닐은 평소 가족과 함께 우리 생활에서 다섯 악당을 몰아내기 위해 노력하는 소녀다. 학급 친구들은 닐의 이야기를 통해 생활 쓰레기의 대부분을 차지하는 다섯 악당이 비닐봉지, 플라스틱 물병, 일회용 빨대, 일회용 컵, 휴지와 물티슈라는 것을 알게 되고, 반 친구들 모두가 힘을 합쳐 쓰레기를 줄이기 위해 노력한다. 이 책은 초등학생인 주인공이 친구들과 함께 실천하였던 '쓰레기 줄이는 법 12가지'를 제시하고 있어 실제 학생들도 쉽게 실천할 수 있도록 돕는다. (출처: 토토북)

단계	학습 내용	교수·학습 활동	자료(*) 및 유의점(·)
도입	생각 열기	**생활 속 플라스틱 제품 찾아보기** • 내가 자주 사용하는 물건 중에서 플라스틱 제품 찾아보기 • 플라스틱 제품을 얼마나 자주 사용하는지 생각해 보기	• 학생들이 자주 사용하는 플라스틱 제품을 찾아봄으로써 플라스틱 쓰레기 문제가 일상생활과 밀접함을 느낄 수 있게 유도한다.
	학습 주제	• 플라스틱으로 인한 환경문제의 심각성 인식 및 지속가능한 환경을 위한 실천 방안 탐색하기	
전개	문제 상황 파악	**[학습활동 1] 내 손에서 바다까지, 플라스틱 쓰레기의 여행** • 『플라스틱 섬』 그림책을 통해 플라스틱 쓰레기로 인한 문제 상황 인식하기 • 플라스틱 쓰레기가 생태계에 어떤 영향을 주고 있는지 플라스틱 쓰레기 문제의 심각성 공감하기 • 바다에 플라스틱 쓰레기가 계속 늘어나면 어떤 결과를 초래할지 생각해 보기	* 그림책 『플라스틱 섬』

	문제
	원인
	확인
		[학습활동 2] 바다 한가운데의 플라스틱 섬
		• 바다 한가운데의 플라스틱 섬에 대해 알아보기
		  – 플라스틱 섬의 모습 검색하여 살펴보기
		  – 실제 플라스틱 섬의 모습을 보고 어떤 생각이 드는지 공유하기
		• 바다를 점령한 플라스틱 쓰레기는 어디에서 온 것인지 생각해 보기
		• 생태계를 위협하는 플라스틱 쓰레기 문제가 나와도 관련이 있음을 이해하기
			• 학생들이 실제 『플라스틱 섬』을 직접 검색해 보거나, 교사가 관련 사진, 영상 자료를 제시하는 것도 가능하다.

	문제 해결 방안 탐색	**[학습활동 3] 더 나은 미래를 위한 변화 시작하기** • 『쓰레기 제로 대작전』 속 실천 방안 확인하기 • 『쓰레기 제로 대작전』을 참고하여 생활 속에서 플라스틱을 비롯한 쓰레기를 줄일 수 있는 방법을 탐구하기 • 나의 실천 계획 세우기	* 그림책 『쓰레기 제로 대작전』 • 이 책은 독서시간 등을 활용하여 미리 읽도록 지도한다.
정리	수업 결과 공유	• 자신의 실천 계획 발표 및 공유하기	• 학습 결과를 표현, 공유함으로써 향후 지속적 관심과 실천을 유도한다.

💡 생각열기 → 생활 속 플라스틱 제품 찾아보기

◯ 우리 주변의 플라스틱

– 학교와 집에서 내가 자주 사용하는 물건에는 어떤 것이 있는지 이야기해 봅시다.

– 그중 플라스틱으로 된 것이나 플라스틱이 들어간 것이 있나요?

– 우리는 얼마나 자주 플라스틱을 사용할까요?

◯ 플라스틱은 어디로 갈까?

– 사용하고 난 후의 일회용품이나 우리가 더 이상 필요하지 않아서 내보낸 플라스틱은 어디로 갈까요?

– 사진 자료를 함께 보면서 플라스틱 처리 방법을 이야기해 봅시다.

– 플라스틱 사용을 줄이기 위해 우리가 할 수 있는 것을 이야기해 봅시다.

학습활동 1 → 내 손에서 바다까지, 플라스틱 쓰레기의 여행

◯ 『플라스틱 섬』 그림책의 한 장면을 보고 어떤 내용일지 예상해 보기

○ **플라스틱 쓰레기가 생태계에 주는 영향**

　– 『플라스틱 섬』에서 바닷새는 어떤 이야기를 들려주었나요?

　– 바다에 플라스틱 쓰레기가 계속 늘어나면 어떤 일이 일어날까요?

학습활동 2 →　바다 한가운데의 플라스틱 섬

○ **바다 한가운데의 플라스틱 섬에 대해 알아보기**

　– 인터넷에서 '플라스틱 섬'을 검색하여 플라스틱 섬의 모습을 살펴봅시다.

　– 플라스틱 섬의 모습을 보고 어떤 생각이 들었는가를 정리해 봅시다.

　– 플라스틱 섬의 모습을 떠올리며, 『플라스틱 섬』, 『바다의 생물, 플라스틱』을 읽기 전 궁금
　　한 점을 자유롭게 적어 봅시다.

왜 플라스틱을
바다의 생물이
라고 했을까?

플라스틱 섬은 왜
만들어졌을까?

활동지　　바다를 점령한 플라스틱 쓰레기는 어디에서 온 것일까

1. 『플라스틱 섬』, 『바다의 생물, 플라스틱』을 읽고, 새롭게 알게 된 점을 정리해 봅시다.

2. 책의 한 장면처럼 내가 사용하고 버린 플라스틱 쓰레기에는 어떤 것들이 있는가를 생각해 봅
　시다.

3. 바다를 점령한 플라스틱 쓰레기가 어디에서 왔는가에 대한 자기 생각을 정리해 봅시다.

🔍 쓰레기로 인한 문제 상황 인식하기

− 『지구를 구하는 쓰레기 제로 대작전』을 읽고 지구를 힘들게 하는 5가지 악당을 알아보고, 이들을 물리칠 방법을 이야기해 봅시다.

− 쓰레기 줄이는 법 12가지 중에서 해 본 적 있는 일을 이야기해 봅시다.

활동지 나의 실천 계획 세우기

※ 『지구를 구하는 쓰레기 제로 대작전』의 주인공처럼, 생활 속에서 쓰레기 제로를 실천하기 위한 나의 실천 계획을 세워 봅시다.

사용을 줄이고 싶은 물건	대신하여 사용하고 싶은 물건	이렇게 결심한 까닭
비닐봉지	천으로 만든 가방	플라스틱 쓰레기를 줄이고 싶어서

학습 주제:

기후변화에서 지속가능하게 살아가기

개요

학습 목표	인지적 영역	• 기후변화가 전 지구적인 문제임을 인식하고 원인을 이해한다.
	사회·정서적 영역	• 기후변화로 인해 생존에 위협을 받고 있는 생명체의 어려움에 공감한다.
	행동적 영역	• 기후변화에 대응하는 지속가능한 방안을 탐구하고 책임감 있게 행동한다.
학습유형		주제 중심 통합적 접근, 문제해결학습 활용
장소		교실, 컴퓨터실(또는 스마트기기)
활용 자료		그림책(북극곰 윈스턴 지구온난화에 맞서다!: 투발루에게 수영을 가르칠 걸 그랬어!: 지구와 생명을 지키는 미래 에너지 이야기: 세계를 바꾸는 착한 에너지 이야기)

수업에서 주안점

❶ 기후변화는 전 지구적인 차원에서 세계시민으로서 직면하고 해결해 나가야 하는 문제임을 인식하고 문제의 심각성에 공감할 수 있도록 한다.

❷ 세계시민으로서 지속가능한 지구를 위하여 자신의 생활 속에서부터 실천할 수 있는 친환경적 실천 역량을 함양하도록 한다.

❸ 주제 중심 통합적 접근, 문제해결학습, 그 이외 학교 현장, 학습자의 상황에 맞게 적정한 교수-학습 방법을 활용할 수 있다.

북극곰 윈스턴, 지구온난화에 맞서다!

진 데이비스 오키모토(글), 예레미야 트램멜(그림), 장미정(역)
2012, 한울림어린이

주제: 기후변화로 인한 북극곰 생존의 문제

생존에 위협을 받는 북극곰들이 지구온난화에 맞서 자신의 삶터를 지키기 위해 노력하는 모습을 담은 그림책이다.

캐나다 매니토바주 처칠 마을에 사는 북극곰 윈스턴은 지구가 점점 뜨거워져 얼음이 녹고 있는 것이 사람들 때문이라고 생각한다. 동료들과 모여 북극곰을 구경하기 위해 모여든 관광객들에게 곰이 살고 있는 곳을 지켜달라고, 각자의 자리에서 아무리 작은 일이라도 실천해 달라고 요청한다. 이 책은 지구온난화로 생존에 위협을 받는 북극곰의 입장에서 메시지를 전함으로써 생각거리를 제공한다. (출처: 한울림어린이)

투발루에게 수영을 가르칠 걸 그랬어!

유다정(글), 박재현(그림), 2008, 미래아이

주제: 기후변화로 인한 기후 난민 문제

투발루에 살던 로자가 점차 섬이 물에 잠기면서 투발루를 떠나야만 하는 이야기를 담은 그림책이다.

이야기의 주인공인 로자와 로자의 친구인 '고양이 투발루'는 넓은 바다 한복판, 아홉 개의 작은 섬으로 이루어진 나라 투발루에 살고 있다. 하지만 바닷물이 자꾸 불어나서 곧 나라 전체가 물에 잠기게 된다는 이야기에 투발루를 떠나게 된다. "난 죽을 때까지 잊지 않을 거야. 내가 태어나고 자란 이곳 투발루를……"이라는 로자의 말에서 기후 난민이 처한 어려움을 공감하게 된다. (출처: 미래아이)

지구와 생명을 지키는 미래 에너지 이야기

정유리(글), 박선하(그림), 2018, 팜파스

주제: 미래 에너지

화석 연료를 대신할 해결책으로 지속 가능하고 깨끗한 에너지, '미래 에너지'에 대한 이야기를 담은 동화책이다.

이 책은 지속가능한 자원, 미래 에너지는 무엇인지 알아보고, 환경과 에너지는 왜 함께 생각해야 하는지 설명한다. 또 에너지와 과학이 만나면 어떤 일이 일어날지 생각해 보도록 하고, 에너지 불평등과 에너지 자립 마을을 소개한다. 이처럼 신재생에너지, 에너지 불평등과 자립, 에너지 공학자, 에너지 과학기술 등의 이야기를 다룸으로써 에너지 전환 시대라는 화두를 던진다. (출처: 팜파스)

세계를 바꾸는 착한 에너지 이야기

서서연(글), 김설희(그림), 2017, 북멘토

주제: 친환경 신재생에너지

서로 다른 나라에 사는 일곱 명의 어린이가 들려주는 여러 나라의 친환경 신재생에너지 이야기를 담고 있는 동화책이다.

이 책은 세계 여러 곳에 사는 일곱 명의 주인공들이 일곱 편의 동화를 들려준다. 덴마크의 태양 에너지, 미국의 해양 에너지, 아이슬란드의 지열 에너지, 캐나다의 수소 에너지, 일본의 바이오 에너지, 오스트리아의 에너지 자립 마을, 우리나라의 바람 에너지 이야기를 통해 세계 여러 나라에서 그 나라의 환경에 맞게 신재생 에너지를 개발하여 쓰고 있는 모습을 보여 준다. (출처: 북멘토)

단계	학습 내용	교수·학습 활동	자료(*) 및 유의점(·)
도입	생각 열기	**기후 난민이란?** • 선정 도서의 등장 인물에게 일어난 일 살펴보기 • 등장 인물이 실제로 사는 지역 조사해 보기 • 자료를 보고 어떤 느낌이 드는지 생각 공유하기	• 뉴스나 신문기사 외에도 기후변화에 관해 생각할 수 있는 다양한 자료(사진, 영상 등)를 추가로 제시할 수 있다.
	학습 주제	• 기후변화의 원인과 영향, 지속가능한 대응 방안 탐색하기	
전개	문제 상황 파악	**[학습활동 1] 기후변화로 나타나는 문제 알아보기** • 『북극곰 윈스턴, 지구온난화에 맞서다!』 책을 통해 기후변화로 나타나는 문제 상황 인식하기 • '북극곰 윈스턴'이 되어 보는 활동을 통해 기후변화로 생존에 위협을 받고 있는 생명체의 마음에 공감하기 〈'북극곰 윈스턴'과 인터뷰하기 활동 방법 (예시)〉 1) 교실 앞에 의자를 놓는다. 2) 한 친구가 '북극곰 윈스턴'이 되어 의자에 앉는다. 3) 다른 친구들은 그 인물에게 궁금한 점을 묻는다. 4) 의자에 앉은 친구는 그 인물이 되어 대답한다. ※ 활동 방법은 다양하게 변형하여 적용할 수 있음.	*그림책 『북극곰 윈스턴, 지구온난화에 맞서다!』 • 책의 내용에 기반하여 인터뷰를 진행함으로써, 문제 상황을 충분히 인식하고 공감할 수 있도록 한다.
	문제 원인 확인	**[학습활동 2] 기후변화의 원인 알아보기** • 기후변화 관련 자료를 통해 기후변화의 원인 조사하기 • 현재와 같은 기후변화가 지속된다면 지구의 미래는 어떻게 될까 상상해 보기	• 인터넷에서 학생들이 직접 정보를 조사하거나, 교사가 참고 자료를 제공할 수 있다.
	문제 해결 방안 탐색	**[학습활동 3] 지속가능하게 살아가기 위한 방법 탐구하기** • 『세계를 바꾸는 착한 에너지 이야기』 책을 활용하여 환경을 생각하는 에너지 탐구하기 • 탄소 발생을 줄이기 위한 생활 속 실천 방안 고안하기	*『세계를 바꾸는 착한 에너지 이야기』 • 에너지 책은 독서시간 등을 활용하여 미리 읽을 수 있도록 한다.
정리	수업 결과 공유	• 학급 전체의 실천 방안을 종합하여 〈뜨거워지는 지구에서 지속가능하게 살아가기 위한 생활백서〉를 만들고 책임감 있는 행동 다짐하기	• 학습 결과를 표현, 공유함으로써 향후 지속적 관심과 실천을 유도한다.

생각열기 → 기후 난민이란?

○ 선정 도서 『북극곰 윈스턴, 지구온난화에 맞서다!』와 『투발루에게 수영을 가르칠 걸 그 랬어!』의 등장 인물에게 생긴 일

- 윈스턴과 투발루에게는 각각 어떤 일이 일어나고 있나요?

- 그 일은 왜 일어나게 되었을까요?

- 계속해서 북극의 얼음이 녹고, 해수면이 높아지면 윈스턴과 투발루는 어떻게 될까요?

○ 캐나다의 처칠 마을과 9개의 섬으로 이루어진 나라 투발루 살펴보기

- 북극곰 윈스턴이 사는 마을을 조사하여 친구들과 이야기해 봅시다.

- 고양이 투발루가 사는 나라 투발루를 조사하여 친구들과 이야기해 봅시다.

- 두 지역에 어떤 변화가 일어났나요?

학습활동 1 → 기후변화로 나타나는 문제 알아보기

○ 그림책을 통해 기후변화로 나타나는 문제 상황 인식하기

- 책 속의 한 장면을 보고 떠오르는 생각을 자유롭게 이야기해 봅시다.

예) 윈스턴은
누구일까?

- 윈스턴과 친구들은 왜 모이게 되었을까요?

　기후변화로 생존에 위협을 받고 있는 생명체의 마음에 공감하기

1. 책의 내용을 떠올리며, '북극곰 윈스턴'이 되어 인터뷰를 해 봅시다.

✓ 북극곰 윈스턴에게 이런 질문을 하고 싶어요!

✓ 내가 북극곰 윈스턴이 된다면 이런 말을 하고 싶어요!

2. 북극곰 윈스턴과 인터뷰하는 활동을 통해 느낀 점을 정리해 봅시다.

○ **기후변화 관련 자료를 통해 기후변화의 원인 조사하기**

– 『북극곰 윈스턴, 지구온난화에 맞서다!』에서 다루는 기후변화는 어떤 것이었나요?

– 이와 같은 변화는 왜 일어났을까요?

– 변화를 막을 방법은 없을까요?

활동지 **기후변화에 따른 미래의 지구 모습 예상하기**

※ 현재와 같은 기후변화가 지속된다면 지구의 미래는 어떻게 될까를 상상하여 의견을 나누어
봅시다.

🔎 환경을 생각하는 에너지 탐구하기

– 아래 두 책의 차례를 보고 환경을 생각하는 에너지에는 어떤 것들이 있는가 살펴봅시다.

이야기 하나. 한여름 밤에 정전은 너무해!

   **지속가능한 자원, 미래 에너지는 무엇일까?

이야기 둘. 내 친구 '구름'가 특별한 이유

   **환경과 에너지는 왜 함께 생각해야 할까?

이야기 셋. 커피로 달리는 버스가 있다고요?

   **에너지와 과학이 만나면 어떤 일이 일어날까?

이야기 넷. 에너지를 만드는 우리 마을에 놀러 오세요!

   **에너지, 모두 함께 행복하게 살아가는 '공존'을 만들다

이야기 다섯. 수상한 초대장

   **에너지, 따뜻한 미래와 만나다

1. 태양으로 에너지를 만드는 집

   – 덴마크의 태양 에너지

2. 이스트강 물로 전기를 만든다고?

   – 미국의 해양 에너지

3. 땅속 지열로 토마토와 오이를 기르는 온실 농부

   – 아이슬란드의 지열 에너지

4. 정전 때문이야!

   – 캐나다의 수소 에너지

5. 폐식용유로 가는 버스

   – 일본의 바이오 에너지

6. 에너지 순환을 실천하는 무레크 마을

   – 오스트리아의 에너지 자립 마을

7. 바람을 찾아 떠난 여행

   – 우리나라의 바람 에너지

1. 자신의 생활 속에서 탄소 발생을 줄일 수 있는 방법을 생각해 봅시다.

2. 환경을 생각하는 에너지가 우리의 삶에 중요한 이유를 정리해 봅시다.

3. 학급 전체의 실천 방안을 종합하여 〈뜨거워지는 지구에서 지속가능하게 살아가기 위한 생활 백서〉를 만들고 책임감 있게 행동해 봅시다.

학습 주제:

기후변화와 기후변화 문제 탐구

개요

학습 목표	인지적 영역	• 기후변화 현황을 인식하고 원인을 이해한다.
	사회·정서적 영역	• 기후변화로 인해 발생하는 전 지구적 문제의 어려움에 공감한다.
	행동적 영역	• 기후변화 문제 해결 방안을 탐구하고 책임감 있게 행동한다.
학습유형		주제 중심 통합적 접근, 문제해결학습 활용
장소		교실, 현장
활용 자료		그림책 (북극곰에게 냉장고를 보내야 겠어: 그레타 툰베리, 세상을 바꾸다), 학습지

수업에서 주안점

❶ 기후변화는 전 지구적인 차원에서 세계시민으로서 직면하고 해결해야 하는 문제임을 인식하고 문제의 심각성에 공감할 수 있도록 한다.

❷ 세계시민으로서 지속가능한 지구를 위하여 자신의 생활 속에서부터 실천할 수 있는 친환경적 실천 역량을 함양하도록 한다.

❸ 주제 중심 통합적 접근, 문제해결학습, 그 이외 학교 현장, 학습자의 상황에 맞게 적정한 교수–학습 방법을 활용할 수 있다.

북극곰에게 냉장고를 보내야겠어

김현태(글), 이범(그림), 2011, 휴먼어린이

주제: 기후변화의 현실과 대처 방안

북극의 동물들이 지구 온난화로 겪는 문제를 담아 자연 환경과 환경 보호의 중요성을 담은 그림책이다.

언제부터인가 북극 여기저기 빙산이 무너지고 얼음이 갈라져 물 위에 떠다닌다. 지구 온난화로 북극이 아이스크림처럼 빠른 속도로 녹아내리고 있기 때문이다. 아이스크림을 만드는 북극곰 아이스는 이제 더 이상 아이스크림을 만들 수 없게 되고 그곳에 사는 동물들이 삶의 터전을 잃어 간다. 녹아내리는 빙산을 바라보며 한숨을 쉬는 북극곰 아이스의 모습을 보면서 우리 주변의 환경문제에 관심을 기울이게 한다. (출처: 휴먼어린이)

그레타 툰베리, 세상을 바꾸다

가브리엘라 친퀘(글), 바밀(그림), 이지수(역), 2021, 보물창고

주제: 기후변화 대처에 필요한 세계인들의 노력

그레타가 지구에 닥친 심각한 문제를 누구보다 진지하게 받아들이고, 행동으로 옮기기까지의 과정을 담은 책이다.

그레타는 매주 금요일 기후 온난화 대책 마련을 촉구하는 '기후를 위한 등교 거부'에 나섰다. 그러자 그레타와 함께할 작은 손길들이 점점 모여 전 세계에 커다란 반향을 불러일으켰다. 그레타는 지난 2019년 '유엔 기후 행동 정상 회의'에 당당히 참석해 연설했고, 각국 정상들은 그 목소리에 귀를 기울이며 환경 정책들을 제안했다. 누군가 외친 작은 목소리에 세상이 깜짝 깨어나 비로소 움직이기 시작한 것이다! (출처: 보물창고)

[1차시]

차시명(차시)	북극곰의 이야기를 읽고 기후변화 문제를 알아보아요. (1/4)
학습목표	『북극곰에게 냉장고를 보내야겠어』를 읽고 기후변화 문제를 인식할 수 있다.
교수·학습 자료 — 교사	활동지1, 활동지2, 편지지, PPT 자료, 책(북극곰에게 냉장고를 보내야겠어)
교수·학습 자료 — 학생	책(북극곰에게 냉장고를 보내야겠어), 필기구

과정

단계	학습 내용	교수·학습 활동	자료(*) 및 유의점(•)

도입	생각 열기	**동기유발**
		• 제목을 보고 내용을 자유롭게 상상한다.
		  – 동화책을 읽기 전에 먼저 제목에 대해 상상해 봅시다. 왜 추운 북극에 사는 북극곰에게 냉장고가 필요해졌을까요?
		    (북극이 더워져서요. 북극도 낮에는 햇빛 때문에 아이스크림이 녹을 수도 있어요.)
		  – 좋습니다. 다양한 의견을 내 주었어요. 왜 북극곰에게 냉장고가 필요하게 된 건지 함께 책을 읽고 내용을 파악해 봅시다.
		
		학습문제 확인
		• 학습할 내용에 대해 확인하도록 한다.
		
		    『북극곰에게 냉장고를 보내야겠어』를 읽고 기후변화 문제 파악하기
		
		학습 순서 안내
		• 학습할 순서를 안내한다.
		
		    [활동1] 『북극곰에게 냉장고를 보내야겠어』 읽기
		    [활동2] 지구온난화로 인한 기후변화 문제 파악하기
		    [활동3] 낙타에게 편지쓰기: 우리 지역의 기후변화 문제
			* 책 『북극곰에게 냉장고를 보내야겠어』
			• 제목의 의미를 의도적으로 파악하기 보다는 자유롭게 상상해 볼 수 있도록 한다.

전개	학습 주제	**[학습활동 1] 『북극곰에게 냉장고를 보내야겠어』 읽기**	* 책 『북극곰에게 냉장고를 보내야겠어』, 활동지
		• 책을 읽고 내용을 파악하도록 한다. 　– 각 조에서 한 명씩 나와 책을 받아 가세요. 이제 3분 동안 각자 책 읽는 시간을 줄 거예요. 북극곰에게 왜 냉장고가 필요하게 되었는지 생각해 보면서 책을 꼼꼼히 읽어 봅시다. 　– 다 읽었나요? 그러면 책을 책의 내용을 바탕으로 선생님이 나눠준 활동지에 답해 봅시다. 　– 활동지를 다 작성했다면 조원들과 함께 답을 잘 작성했는지 확인해 봅시다. 　– 아이스라고 불리는 베베는 왜 북극에서 제일 바쁜 북극곰인가요? (아이스크림 가게 주인이기 때문입니다.) 　– 아이스는 왜 아이스크림 장사를 더 이상 할 수 없게 되었나요? 　　(눈 위에 꽂아 둔 아이스크림이 꽁꽁 얼지 않고 조금씩 녹았기 때문입니다.) 　– 아이스는 왜 낙타에게 편지를 보냈나요? 　　(아이스크림이 계속 녹자 냉장고가 필요해졌기 때문입니다.) 　– 편지를 받은 낙타가 왜 화가 났을까요? 　　(추운 북극에 냉장고가 필요할 리 없다며 자신을 놀린다고 생각했기 때문입니다.) 　– 북극곰에게 냉장고가 필요한 이유는 무엇인가요? 　　(아이스크림이 녹지 않게 보관하기 위해서입니다. 아이스가 아이스크림 장사를 계속할 수 있게 하기 위해서 입니다.)	• 책은 읽기 직전에 나누어 준다. • 각 모둠별로 한 명씩 나와 책을 받아가도록 하여 교실의 혼잡을 최소화한다. • 특정 아이들만 대답하지 않도록 교사가 발표의 기회를 적절히 제공한다.
	문제 상황 파악	**[학습활동 2] 지구온난화로 인한 기후변화 문제 파악하기**	* 활동지2, PPT 자료
		• 기후변화의 원인과 지구온난화 문제를 인식하도록 한다. • 기후변화의 원인과 지구온난화 문제 알기 　– 앞서 읽어 본 동화책에서 아이스크림 장사를 더 이상 하지 못하게 된 결정적인 이유는 무엇이었을까요? 　　(기온이 올라 아이스크림이 꽁꽁 얼지 않았기 때문입니다.) 　– 맞아요. 원래는 냉장고가 없어도 아이스크림이 꽁꽁 얼만큼 추웠던 북극이 이상 기후로 온도가 계속해서 올라갔기 때문이죠. 자, 선생님이 이번에는 조별로 활동지를 한 장씩 나누어 줄 거예요. 함께 의견을 나누고 활동지에 답을 해 보면서 지구온난화란 무엇인지, 왜 일어나는지 알아보도록 하겠습니다. 　– 모두 활동지를 잘 작성한 것 같네요. 활동지에 나와 있는 그림에서 공통으로 나타나고 있는 특징을 찾아 봅시다. 　　(빙하가 녹아내리고 있습니다.) 　– 왜 북극의 빙하가 녹고 있을까요? 　　(지구의 온도가 계속해서 올라가고 있기 때문입니다.)	• 조에서 소외되는 학생이 없이 모두 의견을 나누도록 교사가 순회하며 지도한다. • 모든 조가 자신의 활동지를 발표하도록 한다. • 학생들이 이해하기 쉽도록 PPT 자료를 활용한다.

		– 맞아요. 이렇게 지구의 기온이 높아지는 현상을 지구온난화라고 합니다. 그렇다면 왜 지구온난화라는 현상이 나타나는 걸까요? (쓰레기를 함부로 버려서요. 사람들이 전기를 많이 써서요. 화석연료를 너무 많이 썼어요.) – 아주 잘 대답해 주었어요. 지구온난화가 발생한 원인이 아직 명확하게 밝혀지지는 않았지만, 온실효과를 일으키는 온실기체가 유력한 원인으로 뽑히고 있습니다. 온실효과란 어떤 기체가 지구에 의해 반사된 태양 복사의 일부를 흡수하여 대기가 더워지는 현상. 조금 더 쉽게 말하자면 지구에서 반사되어야 할 태양 복사 열이 지구에 갇혀 점점 더 뜨거워지는 현상을 의미합니다. 이러한 효과를 내는 온실기체가 증가하면 당연히 지구는 계속해서 뜨거워지겠죠. 쓰레기를 함부로 버리거나 화석연료를 너무 많이 사용하면 이산화탄소나 메테인과 같은 온실기체가 증가하여 지구온난화가 심각해질 수 있습니다.	
	문제 해결 방안 탐색	**[학습활동 3] 낙타에게 편지쓰기: 우리지역의 기후변화 문제** • 낙타에게 우리 지역의 기후변화를 알리는 편지를 쓴다. – 책에서는 북극곰 아이스가 낙타에게 어떤 내용의 편지를 썼죠? (북극에 냉장고를 보내달라고 했어요) – 맞아요. 북극에 냉장고가 꼭 필요하니 냉장고를 보내달라고 편지를 썼습니다. 그렇다면 왜 북극에 냉장고가 필요하게 되었는지 생각해 볼까요? (지구온난화로 북극의 기온이 올라 아이스크림이 다 녹아버려서요.) – 맞습니다. 기후변화로 인해 북극에 냉장고가 필요하게 되었습니다. 이번에는 우리가 북극곰의 입장이 되어 우리 지역의 기후변화를 알아보고 낙타에게 이를 알리는 편지를 작성해 봅시다. 지역의 기후변화 예시 관련 기사 https://news.kbs.co.kr/news/view.do?ncd=5118272	
정리	수업 결과 공유	**정리 및 마무리** – 오늘 함께 『북극곰에게 냉장고를 보내야겠어』를 읽고 지구온난화에 대해 알아보았습니다. 그렇다면 북극에 냉장고를 보낸다고 해서 지구온난화 문제가 해결될까요? (냉장고를 쓰는 데 또 전기가 필요하고 이 전기는 화석 연료가 필요하니 지구온난화가 심해지는 악순환이 반복될 것 같습니다.) – 맞아요. 지구온난화의 근본적인 문제를 해결하지 않는다면 단순히 냉장고를 북극에 보낸다고 해서 문제가 해결되었다고 보기 어렵겠네요. 아주 잘 대답해 주었습니다. 다음 시간에는 여러 나라의 기후변화 문제들을 알아보는 활동을 해 보도록 하겠습니다.	• 냉장고를 보내면 문제가 해결될 것이라고 답하는 학생의 경우, 지구온난화의 원인에 대해 알고 근본적 해결책이 필요함을 지도한다.

학습활동 1 → 낙타에게 보내는 편지 쓰기

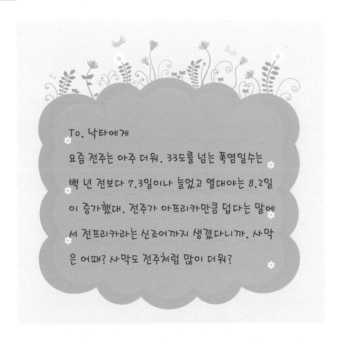

To. 낙타에게

요즘 전주는 아주 더워. 33도를 넘는 폭염일수는 백 년 전보다 7.3일이나 늘었고 열대야는 8.2일이 증가했대. 전주가 아프리카만큼 덥다는 말에서 전프리카라는 신조어까지 생겼다니까. 사막은 어때? 사막도 전주처럼 많이 더워?

○ 『북극곰에게 냉장고를 보내야겠어』를 읽고 질문에 답하기

- 아이스라고 불리는 베베는 왜 북극에서 제일 바쁜 북극곰일까요?

- 아이스는 왜 아이스크림 장사를 더 이상 할 수 없게 되었을까요?

- 아이스는 왜 낙타에게 편지를 보냈나요?

- 편지를 받은 낙타가 왜 화가 났을까요? (낙타의 편지 내용을 다시 읽어 보고 답해 보세요)

- 북극곰이 냉장고가 필요한 이유는 무엇인가요?

🔍 **그림을 보고 질문에 답하기**

– 왜 빙하가 녹고 있을까요?

– 다음 빈 칸을 채우며 지구온난화의 개념을 알아봅시다.

지구 온난화 = (   )의 (   )이 계속해서 (   )지는 현상

– 지구온난화가 일어나는 원인은 무엇일까요? 다음 그림을 보고 예측하며 써 보세요.

(1)

(2)

<table>
<tr><td>(1)</td><td>(2)</td></tr>
</table>

[2차시]

차시명(차시)	지구 기후문제 지킴이 탐사대가 되어 기후변화 문제를 탐색해요. (2/4)
학습목표	세계 여러 지역의 기후변화 문제를 탐색하고 소개할 수 있다.
교수·학습 자료	교사	PPT 자료, 『낙타가 쓴 편지』, 개인·모둠 활동지
	학생	수업 PPT 자료, 스마트 기기, 구글 어스

과정

단계	학습 내용	교수·학습 활동	자료(*) 및 유의점(•)
도입	생각 열기	**동기유발** • 『낙타가 쓴 편지』를 읽으며 오늘 배울 내용을 소개한다. – 북극의 상황을 알게 된 낙타가 아이스에게 다시 편지를 보냈다고 해요. 함께 읽어 봅시다. – 낙타가 지구온난화 때문에 북극의 빙하가 녹는다는 것을 알게 되었어요. 그런데 낙타가 살고 있는 사막도 기후변화로 인해 어떤 현상이 일어난다고 하였나요? (나무가 점점 사라지고 있어요. 오아시스가 말라가고 있어요. 사막이 커지고 있어요. 사막화 현상이 일어나고 있어요.) – 이번 시간에는 지난 시간에 배운 북극과 낙타가 살고 있는 지역 외에 세계 여러 지역에서 일어나는 기후변화 문제를 탐색하도록 하겠습니다. **학습문제 확인** • 학습할 내용을 확인하도록 한다. ┌─────────────────────────────┐ 세계 여러 지역의 기후변화 문제를 탐색하고 소개하기 └─────────────────────────────┘ **학습 순서 안내** • 학습할 순서를 안내한다. ┌─────────────────────────────┐ [활동1] 세계 여러 지역의 기후변화 문제를 탐색하기 [활동2] 탐색한 기후변화 문제 소개할 준비하기 [활동3] 탐색한 기후변화 문제를 뉴스에서 소개하기 └─────────────────────────────┘	* 『낙타가 쓴 편지』 • 『낙타가 쓴 편지』를 함께 읽으면서, 북극뿐만 아니라 사막에서도 기후변화 문제가 일어나는 것을 인지하도록 한다. • 학습문제를 함께 읽어보도록 한다.

| 전개 | 문제
상황
파악 | **[학습활동 1] 세계 여러 지역의 기후변화 문제를 탐색하기**
• 지구 기후문제 지킴이 탐사대 활동을 안내한다.
   – 우리 반은 오늘 지구 기후문제 지킴이 탐사대가 되어 세계 여러 지역의 기
     후문제를 탐색해 보도록 하겠습니다.

                        〈지구 기후문제 지킴이 탐사대 활동〉

     – 4~5명이 한 조가 되어 북극과 낙타가 살고 있는 지역을 제외한 세
       계 각 지역의 기후 위기의 문제에 대해 탐색한다.
     – 미리 모둠마다 제시한 지역과 기후변화 문제를 탐색한다. 이때 교사
       가 배부한 지역의 기후문제 활동지를 채워나가며 활동을 진행한다.

       〈모둠별 기후변화 문제와 지역〉
       1 모둠: 우리나라 생태계 변화
       2 모둠: 일본의 해수면 온도 상승
       3 모둠: 중국의 여름 폭염
       4 모둠: 2022년 파키스탄의 대홍수

     – 책, 인터넷 검색 등을 활용하여 제시한 활동지를 채우며 탐사대 활
       동을 진행한다.
     – 학생들의 원활한 조사 활동을 위해 사이트 몇 곳을 제시한다,

     1) https://www.greenpeace.org/korea/report/20153/report-
        impacts-of-climate-change-on-living-creatures/
     2) https://www.greenpeace.org/korea/update/20976/blog-
        ce-the-reality-of-the-climate-crisis/

   – 4~5명이 하나의 탐사대가 되어 북극을 제외한 세계 각 지역의 기후 위기의
     문제에 대해 탐색합니다.
   – 탐사대마다 맡은 지역과 기후변화 문제는 무엇인가요?
     (중국의 여름 폭염입니다. 파키스탄의 대홍수입니다.)
   – 선생님이 나누어준 학습지를 바탕으로 탐색 활동을 진행해 봅시다.
   – 스마트기기를 활용하여 인터넷 조사를 해 봅시다.
• 세계 여러 지역의 기후변화 문제에 대해 탐색하도록 한다.
   – 지금부터 지구 기후문제 지킴이 탐사대 활동을 진행하도록 하겠습니다. | * 모둠 활동지, 스
  마트기기

• 지역이 분산되
  고 다양한 기후
  변화가 드러나
  게 선정한다.

• 각 지역의 기후
  문제 활동지를
  준비하여 학생
  들이 원활하게
  기후문제를 조
  사할 수 있도록
  한다.

• 인터넷 뉴스 등
  을 검색하여 정
  보활용능력을
  키우도록 한다.

• 순회지도를 통
  해 모둠별로 원
  활히 활동이 진
  행될 수 있도록
  돕는다. |
| | 문제
원인
확인 | **[학습활동 2] 탐색한 기후변화 문제 소개할 준비하기**
• 모둠마다 탐색한 기후변화 문제를 소개할 준비를 하도록 한다.
• 기후변화 문제 소개 준비하기
   – 여러분이 탐색한 기후변화 문제를 뉴스에 나가 소개하려 하는데요, 소개를
     위해 준비하는 시간을 갖도록 하겠습니다.
   – 누가 발표할 것인지, 어떻게 소개할 것인지, 어떤 내용을 소개할 것인지 모
     둠원과 이야기를 나누어 보세요. | • 소외되는 모둠
  원 없이 모두 발
  표 준비 및 발표
  활동에 참여하
  도록 한다. |

| | 문제
해결
방안
탐색 | **[학습활동 3] 탐색한 기후변화 문제를 뉴스에서 소개하기**
• 모둠마다 탐색한 기후변화 문제를 소개한다.
  – 지금부터 탐사대마다 탐색한 기후변화 문제를 소개하도록 하겠습니다.
  – 구글 어스에 탐사대가 맡은 지역을 입력해 봅시다.
  – 발표를 들으면서 개인 활동지에 내용을 채워 나갑시다.
  – 발표를 듣고 질문이나 궁금한 점, 느낀 점 등이 있으면 자유롭게 이야기해
    봅시다.
    (## 탐사대가 탐사 활동을 잘 진행해 준 것 같습니다. @@ 탐사대가 발표한
    엘니뇨 현상을 다시 한 번 이야기해 줄 수 있나요?)
• 모둠마다 탐색한 기후변화 문제를 정리하며 보충 설명한다.
  – ## 탐사대에서 탐색한 파키스탄은 대홍수와 대비되는 폭염 현상도 나타나
    고 있습니다. | * 수업 PPT, 구글
  어스, 개인 활동
  지
• 다른 모둠의 발
  표를 들으며 개
  인 활동지에 정
  리하도록 한다.
• 부족한 내용이
  나 어려운 개념
  은 교사의 설명
  을 통해 보충한
  다. |
| 정리 | 수업
결과
공유 | **학습한 내용 정리하기**
• 오늘 배운 내용을 정리하고 느낀 점을 발표하도록 한다.
  – 오늘은 세계 여러 지역의 기후변화 문제를 탐색하고 발표해 보았습니다.
  – 오늘 수업에서 인상 깊었던 점이나 새로 알게 된 내용을 발표해 봅시다. (##
    탐사대가 발표한 한국의 생태계 변화가 기억에 남습니다. 세계 여러 지역에
    서 기후변화 문제가 일어나는 것을 알게 되었습니다.) | * 수업 PPT |

생각열기 → 낙타에게서 온 편지를 읽고 세계 여러 지역의 기후 탐사하기

○ **북극의 상황을 알게 된 낙타가 아이스의 편지 읽어 보기**

 – 낙타가 지구온난화 때문에 북극의 빙하가 녹는다는 것을 알게 되었어요. 그런데 낙타가 살
  고 있는 사막은 어떤 일이 일어난다고 하였나요?

 – 아이스가 살고 있는 북극과 낙타가 살고 있는 지역 외에 세계 여러 지역에서 일어나는 기후
  변화 문제에 대해서 이야기해 봅시다.

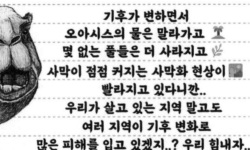

학습활동 1 → 기후변화 탐색하기

○ **지구 기후문제 탐사대 활동하기**

 – 4~5명이 하나의 탐사대가 되어 북극을 제외한 세계 각 지역의 기후 위기의 문제를 탐색해
  봅시다.

지구 기후문제 기킴이 탐사대 활동

탐사대 이름: _____   탐사 대원: _____

탐사대 친구들 모두 반가워! 여러분이 맡은 기후 문제와 지역은 우리가 살고 있는 대한민국에서 일어난 생태계 변화야! 한국은 전 세계에 몇 안되는 아름다운 사계절의 모습을 볼 수 있는 나라야.

이런 한국이 기후변화로 봄꽃의 개화시기가 앞당겨지거나 추운 곳에서 살고 있는 고산식물의 개체수가 줄고 있다고 해. 동물도 이와 비슷한 상황이야. 탐사대 친구들의 적극적인 탐사가 필요해! 모두 도와줘!

'한국 기후변화', '식물·동물 서식지' 등의 키워드를 인터넷 검색으로 탐색해 보고 아래 보고서를 채워 보자고!

탐사 보고서

1. 지구온난화는 어떤 현상이고 어떻게 생태계에 영향을 미친 거야?

2. 기후변화가 우리나라의 식물·동물에게 어떤 영향을 미쳤는지 사례를 조사해 줘!

3. 기후변화에 맞서 한국은 어떤 노력을 하고 있어?

탐사대 이름: _____　　탐사 대원: _____

탐사대 친구들 모두 반가워. 여러분이 맡은 기후문제와 지역은 우리의 이웃 나라인 중국에서 일어난 폭염이야! 중국은 한때 세계 인구 1위였을 정도로 많은 사람들이 사는 나라야. 이런 중국이 최근 몇 년간 여름에 기록적인 폭염으로 거대한 산물이 나거나 양쯔강이 마르고, 심지어는 가축들도 죽어 가는 등 큰 피해를 보았다고 해.
탐사대 친구들의 적극적인 탐사가 필요해! 모두 도와줘! '중국 폭염', '이상 고온', '엘니뇨 현상'의 키워드를 인터넷에서 검색해서 탐색해 보고 아래 보고서를 채워 보자고!

탐사 보고서

1. 중국에서 폭염이 일어난 이유는 이상 고온과 엘니뇨 현상, 이렇게 두 가지와 연관이 있다고 하는데 이 두 가지가 어떤 건지 함께 알아봐 줘!

2. 최근 여름의 기록적인 폭염으로 중국은 어떤 피해를 보았어?

3. 기후변화에 맞서 중국은 어떤 노력을 하고 있어?

탐사대 이름: _____   탐사 대원: _____

탐사대 친구들 모두 반가워. 여러분이 맡은 기후문제와 지역은 우리의 이웃 나라인 일본의 해수 온도 상승이야!

일본은 나라 국토가 바다로 둘러싸인 섬 나라야. 이런 일본이 바로 해수 온도 상승으로 대표 생선인 가다랑어가 잘 잡히지 않고 있어 일본의 어부들이 곤혹을 치르고 있다. 탐사대 친구들의 적극적인 탐사가 필요해!

모두 도와줘! '일본', '해수 온도 상승', '지구 온난화'의 키워드를 인터넷에서 검색해서 탐색해 보고 아래 보고서를 채워 보자고!

탐사 보고서

1. 일본은 지구온난화 때문에 바닷물의 온도가 상승한다고 하는데, 지구온난화는 어떤 현상이고 왜 바닷물의 온도를 높이는 거야?

2. 해수 온도가 상승한다고 해서 가다랑어가 잘 잡히지 않는 이유는 무엇이야?

3. 기후변화에 맞서 일본은 어떤 노력을 하고 있어?

탐사대 친구들 모두 반가워. 여러분이 맡은 기후문제와 지역은 아시아 대륙에 위치한 파키스탄에서 일어난 대홍수야!

파키스탄에서 일어난 대홍수로 전 세계는 충격을 받았어. 파키스탄에서 지난 2022년 6월부터 3개월간 폭우가 지속되어 국토의 1/3이 물에 잠길 정도의 대홍수였거든. 당연히 많은 피해를 보았지. 탐사대 친구들의 적극적인 탐사가 필요해! 모두 도와줘! '파키스탄', '대홍수', '지구 온난화'의 키워드를 인터넷에서 검색해서 탐색해 보고 아래 보고서를 채워 보자고!

탐사 보고서

1. 지구온난화로 인해 파키스탄에 대홍수가 일어났다고 했는데 지구온난화는 어떤 현상이야? 그리고 이번 대홍수와 어떤 연관이 있어?

2. 대홍수로 파키스탄은 어떤 피해를 보았어?

3. 파키스탄에서 일어나는 추가적인 기후변화와 현상으로는 무엇이 있는지 알아봐 줘!

기후변화 문제 탐구 결과 정리하기

다음 모둠의 발표를 드고 활동지에 내용을 채워 나갑니다.

탐사대 이름	지역	기후변화	탐색 내용 정리

[3차시]

차시명(차시)	일상 속 실천을 모아 지구를 지켜요 (3/4)
학습목표	『그레타 툰베리, 세상을 바꾸다』를 읽고 일상생활 속 실천가능한 기후위기 대처 방안에 대해 생각하고 실천할 수 있다.
교수·학습 자료	교사	관련 영상, 수업 PPT, 활동지 2
	학생	『그레타 툰베리, 세상을 바꾸다』, 활동지 1

과정

단계	학습 내용	교수·학습 활동	자료(*) 및 유의점(•)
도입	생각 열기	**동기유발** • 그레타 툰베리가 시작한 '기후를 위한 등교 거부' 운동과 관련된 영상을 시청하도록 한다. 　– 이번 시간에는 아침 독서 시간에 읽었던 책 『그레타 툰베리, 세상을 바꾸다』 속 주인공 '그레타 툰베리'와 관련된 영상을 시청하도록 하겠습니다. 　　　지구온난화 문제로 수업을 거부하는 학생들 　　　[다큐 인사이트] 20200130 　　　https://www.youtube.com/watch?v=bCYwIy1K3UM 　– 영상 속 학생들이 학교에 가지 않고 시위에 참석하게 된 이유가 무엇이라고 했나요? 　　(기후변화 문제에 적극적으로 대응하지 않는 정부에 항의하기 위해서라고 했어요.) 　– 영상을 시청한 후 각자 느낀 점을 이야기해 볼까요? 　　(우리나라 학생들도 '기후를 위한 등교 거부' 운동에 참여하면 좋겠다고 생각했어요. 1인 시위로 시작해서 엄청난 규모로 확대된 것을 보고 놀랐어요.) 　– 이번 시간에는 『그레타 툰베리, 세상을 바꾸다』의 내용을 같이 확인하고 그레타 툰베리가 기후위기 대처를 위해 했던 행동들과 우리가 할 수 있는 행동들에 대해 알아보도록 하겠습니다.	*그레타 툰베리 관련 영상 • 영상은 5분까지 시청하도록 한다. • 학생들이 사전에 아침 독서 시간을 이용해 독서를 하고 활동지를 작성하게끔 한다.

		학습문제 확인	• 학습문제를 함께 읽어보 도록 한다.
		• 학습할 내용을 확인하도록 한다.	
		『그레타 툰베리, 세상을 바꾸다』를 읽고 일상생활 속 실천가능한 기후위기 대처방안 실천하기	
		학습 순서 안내	
		• 학습할 순서를 안내한다.	
		[활동1] 『그레타 툰베리, 세상을 바꾸다』 내용 확인하기 [활동2] 일상에서 실천할 수 있는 기후위기 대처방안 생각하기	
전개	문제 상황 파악	**[학습활동 1] 『그레타 툰베리, 세상을 바꾸다』 내용 확인하기** • 학생들이 사전에 작성한 활동지 1을 확인한다. – 아침 독서 시간에 『그레타 툰베리, 세상을 바꾸다』를 읽고 활동지를 작성했는데 모두 꺼내보세요. – 툰베리가 어릴 적부터 귀가 아프도록 들은 이야기 4가지는 무엇인가요? (방을 나갈 때 불끄기, 양치질 할 때 수도꼭지 잠그기, 스프레이 쓰지 않기, 음식 남기지 않기입니다.) – 툰베리는 학교에서 이것에 대해 배운 후 극지방과 더운 나라에서 일어나는 기후문제들의 원인을 알게 되었어요. 이것은 무엇일까요? (지구온난화입니다.) – 툰베리가 자기의 생각을 과감히 외치고 지구를 아끼기로 생각한 이유는 무엇일까요? (지구온난화를 이해하고 지구를 위해 당장 행동에 나서야 한다는 것을 깨달았기 때문이에요.) – 학습활동 1 질문 2의 빈 칸에 들어갈 행동들을 이야기해 보도록 해요. (고기 먹지 않기, 일회용 플라스틱 제품 쓰지 않기, 자동차 대신 자전거 타기, 태양광 패널을 달아 일상에서 필요한 에너지 얻기입니다.) – 툰베리가 '기후를 위한 등교 거부' 운동을 하게 된 이유는 무엇일까요? (지구를 살리기 위한 행동을 많은 사람들이 일상 속에서 실천하지 않으면 소용이 없다고 생각했기 때문입니다.)	* 활동지 1

	문제 해결 방안 탐색	**[학습활동 2] 일상에서 실천할 수 있는 기후위기 대처방안 생각하기** • 평소에 일상에서 실천해 온 기후위기 대처방안에 대해 생각하며 환경일기를 작성하도록 한다. 　– 다음 활동지에 평소 각자 실천해 온 기후위기 대처방안들을 환경일기로 작성해 보고 기후위기 대처를 위해 얼마나 노력하고 있었는지 확인해 보도록 해요. • 일상 속에서 실천가능한 기후위기 대처방안 마인드맵을 작성하도록 한다. 　– 각자 책에서 확인한 그레타 툰베리가 했던 행동들과 평소 자신이 실천해 온 기후위기 대처 외에 앞으로 일상 속에서 생산, 소비, 배출 과정에서 실천할 수 있는 기후위기 대처방안에 대해 생각해 보고 활동지 2의 마인드맵을 채워 봅시다. 　– 각 과정별로 예시를 하나씩 선생님이 보여 줄게요. 마인드맵 작성 시 참고해 보세요. 　– 생산 과정에서는 직접 텃밭을 가꾼 후 식재료를 수확하여 식재료 구매 시 운반 과정에서 발생하는 온실가스를 줄일 수 있어요. 　– 소비 과정에서는 마트에 장을 보러 갈 때 에코백을 들고 가는 예시가 있어요. 　– 배출 과정에서는 페트병을 버릴 때, 라벨을 꼭 제거한 후 라벨과 병을 분리하여 버리는 예시가 있어요.	* 활동지 2, 3 • 기후변화를 주제로 환경일기를 작성하도록 지도한다. • 마인드맵의 생산, 소비, 배출 갈래별 예시를 교사가 제시한다. • 학생들이 환경일기와 마인드맵 작성 활동을 돕는다.
정리	수업 결과 공유	**정리하기** • 학습한 내용을 바탕으로 앞으로 자신의 기후위기 대처방안 실천에 대한 다짐을 발표하도록 한다. 　– 각자 이번 시간에 배운 내용을 바탕으로 앞으로 자신이 기후위기 대처를 위해 실천할 것에 대한 다짐을 발표해 봅시다.	

학습활동 1 → 도서 내용 작성하기

🔍 책『그레타 툰베리, 세상을 바꾸다』를 읽고 질문에 답해 봅시다.

1. 책의 내용을 바탕으로 빈 칸을 채워 보세요.

(1) 툰베리가 어릴 적부터 귀가 아프도록 들은 이야기 4가지를 써 보세요.

(2) 툰베리는 학교에서 (   )에 대해 배운 후 극지방, 더운 나라들에서 발생하는 기후 문제들의 원인을 알게 되었습니다.

(3) 툰베리가 자신의 생각을 과감히 외치고 지구를 아끼기로 생각한 이유는 무엇일까요?

2. 다음은 툰베리와 툰베리 가족들이 지구를 아끼기 위해 했던 행동들입니다. 다음 그림들을 보고 빈 칸을 채워 보세요.

(   )   (   )   (   )   (   )

3. 툰베리가 '기후를 위한 등교 거부' 운동을 하게 된 이유는 무엇일까요?

○ 평소 각자 실천해 온 기후위기 대처 방안들과 이를 통해 느낀 점들을 환경일기로 작성
하고 기후위기 대처를 위해 얼마나 노력하고 있었는지 확인해 보세요.

날짜	년 월 일 요일	날씨	
제목			

스토리로 배우는 세계시민교육

기후변화 대처 방안 찾기

○ 기후위기 대처를 위해 툰베리가 했던 행동과 평소 자신이 실천해 온 행동 외에 앞으로
일상 속 생산, 소비, 배출 과정에서 실천할 수 있는 기후위기 대처방안을 마인드맵으로
작성해 보세요.

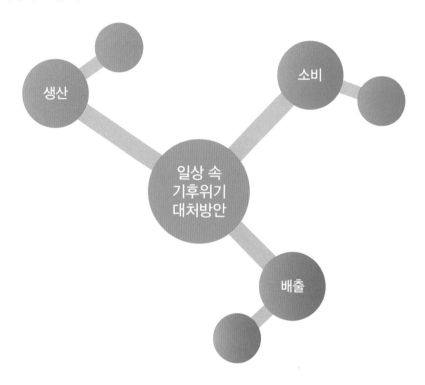

[4차시]

차시명(차시)	기후환경 문제 해결을 위해 소리내 보아요 (4/4)	
학습목표	환경 캠페인을 계획하고, 환경 캠페인 피켓을 만들 수 있다.	
교수·학습 자료	교사	『그레타 툰베리, 세상을 바꾸다』, 활동지1·2, 수업 PPT 자료
	학생	재활용품 및 폐품, 색연필, 싸인펜, 가위, 풀, 테이프, 스마트기기

과정

단계	학습 내용	교수·학습 활동	자료(*) 및 유의점(·)
도입	생각 열기	**동기유발** • 다양한 환경 캠페인 사례를 통해 동기를 유발한다. – 환경 캠페인이란 환경과 관련된 문제의 개선 혹은 해결을 목적으로 단체, 조합, 개인 등이 조직적이고 계속적으로 벌이는 운동을 말합니다. – 환경 캠페인에 참여하거나 본 적 있다면 발표해 봅시다. (플로깅 캠페인에 부모님과 참여한 적이 있습니다. 해변에서 쓰레기를 줍는 캠페인에 대해 본 적이 있습니다.) – 다양한 환경 캠페인에 대해 알아봅시다. ┌─────────────────────────────┐ '동기유발 다양한 환경 캠페인 사례 자료' 1. 고기 없는 월요일(Meat Free Monday) 2. 플라스틱 없는 7월(Plastic Free July) 3. 그린피스 '용기 내' 캠페인 4. 지구의 날 '전국 소등 행사' 5. 탄소중립 실천 광고 포스터 공모전 수상작 └─────────────────────────────┘ – 방금 소개된 환경 캠페인 중 가장 기억에 남는 환경 캠페인은 무엇인가요? 왜 해당 환경 캠페인이 가장 기억에 남나요? (그린피스의 '용기 내' 캠페인이 가장 기억에 남습니다. 일상에서 직접 실천하기에도 좋을 것 같고, 플라스틱 사용을 줄이기에 효과적이라 생각했기 때문입니다.)	* 다양한 환경 캠페인 사례 PPT

학습문제 확인

• 학습할 내용을 확인하도록 한다.

> 환경 캠페인을 계획하고, 재활용품과 폐품 활용해 환경 캠페인 피켓 만들기

학습 순서 안내

• 학습할 순서를 안내한다.

> [활동1] 환경 캠페인 계획하기
> [활동2] 재활용품과 폐품을 활용해 캠페인 피켓 제작하기

| 전개 | 문제
상황
파악 | **[학습활동 1] 환경 캠페인 계획하기**

• 『그레타 툰베리, 세상을 바꾸다』를 활용하여 그레타 툰베리가 시작한 환경 캠페인에 대해 알아본다.
　– 툰베리가 시작한 시위의 이름은 무엇인가요?
　 ('기후를 위한 등교 거부'입니다.)
　– 왜 툰베리는 시위를 해야겠다고 생각했나요?
　 (모두가 지구를 살리기 위해 일상에서 실천하도록 하기 위해서입니다. 지구를 위해 더 이상의 개발을 멈추고 모든 걸 바로잡기 위해서입니다.)
　– 툰베리 혼자 시작한 시위는 이후 얼마나 많은 사람들의 참여로 이어졌나요?
　 (로마에서 뉴욕, 파리에서 호놀룰루에 이르기까지 수많은 전 세계 사람들이 '기후를 위한 등교 거부'에 동참했습니다.)
• 해결해야 할 기후문제에 대해 찾아보고 해결이 시급한 순으로 정리해 봅시다.
　– 모둠별로 기후문제에 대해 찾아보고, 해결이 시급하다 여겨지는 문제 순으로 정리해 봅시다.
• 기후위기로 인한 문제를 개선하기 위해 환경 캠페인을 계획하도록 한다.
　– 툰베리의 '기후를 위한 등교 거부' 시위뿐만 아니라 동기유발에서 소개한 다양한 환경 캠페인을 떠올리며, 모둠별로 환경 캠페인을 계획해 봅시다.
　– 환경 캠페인의 이름을 지어 보세요.
　– 계획한 환경 캠페인에서 실천하기를 바라는 구체적인 행동 방안 혹은 주장하는 구체적인 내용에 대해 작성하고, 왜 그러한 캠페인을 계획하였는지에 대해 작성해 보세요.
　– 예시는 다음과 같습니다.

> '[활동1] 환경 캠페인 계획 예시 자료'

　– 방금 안내한 환경 캠페인 계획 활동 과정을 고려하여 모둠별로 환경 캠페인을 계획해 봅시다. | * 책 『그레타 툰베리, 세상을 바꾸다』, 활동지 1, 환경 캠페인 계획 예시 자료 PPT, 스마트기기

• 툰베리의 사례를 통해 작은 노력이 어떤 변화를 가져올 수 있는지에 유의하여 환경 캠페인을 계획하도록 한다.

• 스마트기기를 활용하여 해결해야할 기후문제에 대해 찾아보도록 한다.

• 모둠별로 원활히 활동이 진행될 수 있도록 돕는다. |

	문제
	해결
	방안
	탐색
		[학습활동 2] 재활용품과 폐품을 활용해 캠페인 피켓 제작하기
		• 재활용품과 폐품을 활용하여 앞서 계획한 환경 캠페인의 피켓을 제작하도록
		한다.
		
		  환경 캠페인 피켓 제작 활동
		
		 1. 환경 캠페인 피켓에 적을 표어를 정한다.
		 2. 재활용품과 폐품을 활용하여 환경 캠페인 피켓을 어떻게 만들고 꾸밀
		  지 계획한다.
		 3. 재활용품과 폐품을 활용하여 환경 캠페인 피켓을 제작한다.
		
		– 계획한 환경 캠페인의 피켓에 적을 표어를 정해 봅시다.
		– 재활용품과 폐품을 활용하여 피켓을 어떻게 만들고 꾸밀지 모둠원들과 계획
		 을 세워 봅시다. 이때, 활동지의 피켓 그림 주변에 계획을 작성해도 좋고, 직
		 접 피켓 그림에 그려도 좋습니다.
		– 오늘 만든 환경 캠페인 피켓은 이후 등교 시간 혹은 점심시간을 활용하여 직
		 접 피켓을 들고 교내를 돌며 캠페인을 홍보할 예정입니다.
		– 모둠원들과 협의하여 함께 환경 캠페인 피켓을 제작해 봅시다. 예시는 다음
		 과 같습니다.
		
		 '[활동2] 환경 캠페인 피켓 예시 자료'
			* 활동지2, 환경
			캠페인 피켓 예
			시 자료 PPT, 재
			활용품 및 폐품,
			색연필, 싸인펜,
			가위, 풀, 테이
			프
			• 재활용품 및
			폐품은 사전에
			안내하여 준비
			하도록 한다.
			• 등교 · 점심시
			간을 활용하여
			직접 피켓을
			들고 캠페인을
			교내에 홍보하
			도록 한다.

정리	수업 결과 공유	**정리 및 마무리** • 제작한 캠페인 피켓을 들고 계획한 캠페인에 대해 발표하도록 한다. – 각 모둠은 모둠별로 제작한 캠페인 피켓을 들고 나와 계획한 캠페인에 대해 소개해 봅시다. – 기후위기에 대처하기 위한 앞으로의 다짐에 대해 발표해 봅시다.	• 다른 모둠에서 발표를 할 때 경청하도록 한 다.

학습활동 1 → 환경 캠페인 계획하기

🔍 『그레타 툰베리, 세상을 바꾸다』에서 그레타 툰베리가 시작한 환경 캠페인에 대해 알아봅시다.

– 툰베리가 시작한 시위의 이름은 무엇인가요?

– 툰베리는 왜 시위를 해야겠다고 생각했나요?

– 툰베리 혼자 시작한 시위는 이후 얼마나 많은 사람들의 참여로 이어졌나요?

🔍 해결해야 할 기후문제에 대해 모둠별로 찾아보고 해결이 시급한 순으로 정리해 봅시다.

1순위	2순위	3순위

🔍 위에 작성한 기후문제를 주제로 환경 캠페인을 계획해 봅시다.

○ **재활용품과 폐품을 활용하여 계획한 환경 캠페인의 피켓을 제작해 봅시다.**

– 계획한 환경 캠페인의 피켓에 적을 표어를 정해 봅시다.

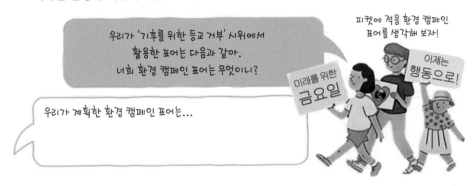

우리가 '기후를 위한 등교 거부' 시위에서
활용한 표어는 다음과 같아.
너희 환경 캠페인 표어는 무엇이니?

피켓에 적을 환경 캠페인
표어를 생각해 보자!

미래를 위한
금요일

이제는
행동으로!

우리가 계획한 환경 캠페인 표어는...

– 재활용품과 폐품을 활용하여 피켓을 어떻게 만들고 꾸밀 것인지 계획을 세워 봅시다.

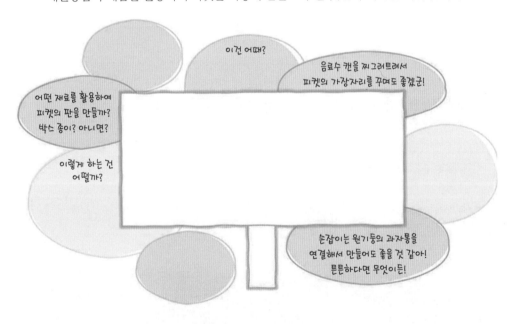

이건 어때?

음료수 캔을 찌그러트려서
피켓의 가장자리를 꾸며도 좋겠군!

어떤 재료를 활용하여
피켓의 판을 만들까?
박스 종이? 아니면?

이렇게 하는 건
어떨까?

손잡이는 원기둥의 과자통을
연결해서 만들어도 좋을 것 같아!
튼튼하다면 무엇이든!

가브리엘라 틴퀘, 이지수(역)(2021), **그레타 툰베리, 세상을 바꾸다**, 보물창고.

강순원, 이경한, 김다원(2019), **국제이해교육 페다고지**, 살림터.

김남길(2014), **나무들이 재잘거리는 숲 이야기**, 풀과 바람.

김다원(2016), 세계시민교육에서 지리교육의 역할과 기여-호주 초등 지리교육과정 분석을 중심으로-, **한국지리환경교육학회지**, 24(4), 13-28.

김신일, 김영화, 김현덕(1995), **국제이해교육의 실태와 국제비교연구**, 서울: 유네스코한국위원회.

김승렬(2015), **Why? 세계의 축제**, 예림당.

김영순, 윤희진(2010), 다문화시민성을 위한 스토리텔링 활용 문화교육 방안, **언어와 문화**, 6(1), 27-46.

김현덕(2000). **국제이해교육의 개념과 방향. 국제이해교육**. 창간호. 유네스코한국위원회, 85-124.

김현덕(2016). DESD 이후 ESD 교사교육 프로그램의 개발 방향에 관한 연구. **국제이해교육연구**, 11(2), 1-45.

김현태(2011), **북극곰에게 냉장고를 보내야겠어**, 휴먼어린이.

니콜라 베르거, 윤혜정(역)(2016), **다른 나라 아이들은 무슨 놀이를 할까?**, 초록개구리.

다빈치 축제 편집팀(2016), **세계 축제 100**, 다빈치.

마츠모토 리에코, 김소연(역)(2020), 세계를 한눈에 왁실덕실 나라 축제, 천개의 바람.

맷 라모스, 김경연(역)(2018), **일곱 나라 일곱 어린이의 하루**, 풀빛.

라니아 알 압둘라, 켈리 디푸치오, 신형건(역)(2011), **샌드위치 바꿔 먹기**, 보물창고.

박덕규(2008), 지역문화 스토리텔링 활성화를 위한 시론, **한국문예창작**, 7(1), 265-293.

박인기 외 9인(2013), **스토리텔링과 수업기술**, 서울: 사회평론.

박지현, 이예경(2018), 스토리텔링을 활용한 세계시민교육 프로그램의 개발 및 적용 연구, **한국콘텐츠학회논문지**, 18(9), 55-68.

서서연(2017), **세계를 바꾸는 착한 에너지 이야기**, 북멘토.

소냐 플로토-슈탐멘, 윤혜정(역)(2009), **지구마을 어린이 요리책**, 한겨레 아이들.

스밀자나 코, 차정은(역)(2018), **공주님의 아주 특별한 여행**, 단추.

시마 외즈칸, 고정아 (역)(2020), **지구를 구하는 쓰레기 제로 대작전**, 토토북.

아나 페구, 이자베우 밍뇨스 마르칭스, 이나현(역)(2020), **바다의 생물, 플라스틱**, 살림어린이.

양미경(2013), 스토리텔링의 교육적 의의와 방안 탐색, **열린교육연구**, 21(3), 1-30.

유경숙(2016), **놀면서 배우는 세계 축제 1, 2**, 봄볕.

유다정(2008), **투발루에게 수영을 가르칠 걸 그랬어!**, 미래아이.

유혜진(2018), **돈가스 안 먹는 아이**, 책읽는달.

옥한석(2011), 공감을 위한 지리와 스토리텔링: 합강문화제와 영춘 하안단구 시나리오 작성 사례를 중심으로, **문화역사지리**, 23(2), 63-78.

이경한(2014), 국제이해교육 관점에서 문화다양성 교육의 탐색, **국제이해교육연구**, 9(2), 33-57.

이명애(2020), 플라스틱 섬, SANG.

이상민(2009), **대중매체 스토리텔링 분석론**, 북코리아.

이새미(2018), 스토리텔링을 활용한 세계시민의식 학습프로그램의 효과, 서울교육대학교 교육전문대학원 석사학위논문.

이선경(2015), 왜 세계는 지속가능발전교육을 말하는가?, 한국국제이해교육학회, 2015, **모두를 위한 국제이해교육**, 살림터.

이은미(2020), **밥·빵·국수-아시아의 식탁**, 키다리.

임선아(2013), 누가 숲을 사라지게 했을까?, 와이즈만북스.

정유리(2018), **지구와 생명을 지키는 미래 에너지 이야기**, 팜파스.

제임스 셀릭, 서남희(역)(2020), **내 방에 랑탄이 나타났어!**, 재능교육.

진 데이비스 오키모토, 장미정(역)(2012), **북극곰 윈스턴, 지구온난화에 맞서다!**, 한울림어린이.

채인선(2015), **이웃의 이웃에는 누가 살지?**, 미세기.

최원형)(2020), **라면을 먹으면 숲이 사라져**, 책읽는 곰.

정해영(2009), **누구 발일까?**, 책읽는 달.

칩 히스, 댄 히스, 안진환, 박슬라 역(2007), **스틱**, 웅진윙스.

하시연(2008), **사계절이 아름다운 우리 자연, 숲**, 주니어김영사.

한경구, 김종훈, 이규영, 조대훈(2015), **SDGs 시대의 세계시민교육 추진 방안**, APCEIU.

한태희(2015), **학교 가는 길**, 한림출판사.

Gore, Charles(2015), The post-2015 moment: towards sustainable development goals and a new global development paradigm, *Journal of International Development*, 27, 717-732.

UNESCO(2014), *Global Citizenship Education: Preparing Learners for the Challenges of the 21st Century*, Paris:UNESCO, Retrived from http://unesdoc.unesco.org/images/0022/002277/227729e.pdf

UNESCO, 유네스코 아시아태평양 국제이해교육원 기획·번역(2015), *Global Citizenship Education TOPICS AND LEARNING OBJECTIVES*, 유네스코 아시아태평양 국제이해교육원.

http://edu.ollybolly.org/cartoon/%ec%95%88%ea%b2%bd-%eb%82%80-%ec%95%84%ec%9d%b4%ec%99%80-%eb%aa%a8%ec%9e%90-%ec%93%b4-%ec%95%84%ec%9d%b4-1/

https://www.greenpeace.org/korea/report/20153/report-impacts-of-climate-change-on-living-creatures/

https://www.greenpeace.org/korea/update/20976/blog-ce-the-reality-of-the-climate-crisis/

http://heritage.unesco.or.kr/

http://m.blog.daum.net/sjh-pjs920/15484138

https://news.kbs.co.kr/news/view.do?ncd=5118272

http://ollybolly.org/cartoon/%ea%b3%b5%ec%a3%bc%eb%8b%98%ec%9d%98-%ec%97%ac%ed%96
%89-1/

http://ollybolly.org/cartoon/%ea%b3%b5%ec%a3%bc%eb%8b%98%ec%9d%98-%ec%97%ac%ed%96
%89-1/

https://www.youtube.com/watch?v=bCYwIy1K3UM

https://www.youtube.com/watch?v=o-NA6GzrcBA

https://www.youtube.com/watch?v=JRyc3cpzhJg

https://youtu.be/HXEySIFOMCw

수업안 개발자

···› 문화다양성		
학년급	학습 주제	수업안 작성자
초등 1~2학년	틀린 게 아니고 다른 거야	장진아
초등 3~4학년	나와 다른 듯 같은 친구들의 이야기	장진아
	다른 문화 경험과 존중	백지은, 우대희, 윤아란
	다르지만 같은 우리의 음식 이야기	진수림, 임하영
초등 5~6학년	차이와 다양성 존중과 실천	장진아

···› 지속가능발전		
학년급	학습 주제	수업안 작성자
초등 1~2학년	우리 모두의 삶의 터전, 숲	조수진
초등 3~4학년	우리가 만들어 낸 플라스틱 섬	조수진
초등 5~6학년	기후변화에서 지속가능하게 살아가기	조수진
	기후변화와 기후변화 문제 탐구	김영서, 이동규, 백지은, 홍민석

스토리로 배우는 세계시민교육

초판 1쇄 발행 2024년 11월 22일

지은이 유네스코 아시아태평양 국제이해교육원 기획
       이경한, 김다원, 김선미 편저

펴낸이 김선기
펴낸곳 (주)푸른길
출판등록 1996년 4월 12일 제16-1292호
주소 (08377) 서울시 구로구 디지털로 33길 48 대륭포스트타워 7차 1008호
전화 02-523-2907, 6942-9570-2
팩스 02-523-2951
이메일 purungilbook@naver.com
홈페이지 www.purungil.co.kr

ⓒ 유네스코 아시아태평양 국제이해교육원, 2024

ISBN 979-11-7267-021-4 93370